兵 與 禮

——蘇州博物館新入藏吴王餘眛劍研討會論文集

蘇州博物館　編

文物出版社

北京・2015

圖書在版編目（CIP）數據

兵與禮：蘇州博物館新入藏吴王餘眛劍研討會論文集 / 蘇州博物館編 . —北京：文物出版社，2015. 12

ISBN 978 - 7 - 5010 - 4487 - 0

Ⅰ. ①兵…　Ⅱ. ①蘇…　Ⅲ. ①兵器（考古）- 中國 - 春秋時代 - 學術會議 - 文集　Ⅳ. ①K875. 84 - 53

中國版本圖書館 CIP 數據核字（2015）第 308895 號

兵與禮

——蘇州博物館新入藏吴王餘眛劍研討會論文集

編　　者：蘇州博物館

責任編輯：竇旭耀
封面設計：史雪華
責任印製：陳　杰

出版發行：文物出版社
社　　址：北京市東直門内北小街 2 號樓
郵　　編：100007
網　　址：http：//www. wenwu. com
郵　　箱：web@ wenwu. com
經　　銷：新華書店
印　　刷：北京京都六環印刷廠
開　　本：787mm × 1092mm　1/16
印　　張：9. 25
版　　次：2015 年 12 月第 1 版
印　　次：2015 年 12 月第 1 次印刷
書　　號：ISBN 978 - 7 - 5010 - 4487 - 0
定　　價：78. 00 圓

編 委 會

吴王餘昧劍（蘇州博物館藏）

吴王餘昧劍銘文拓本

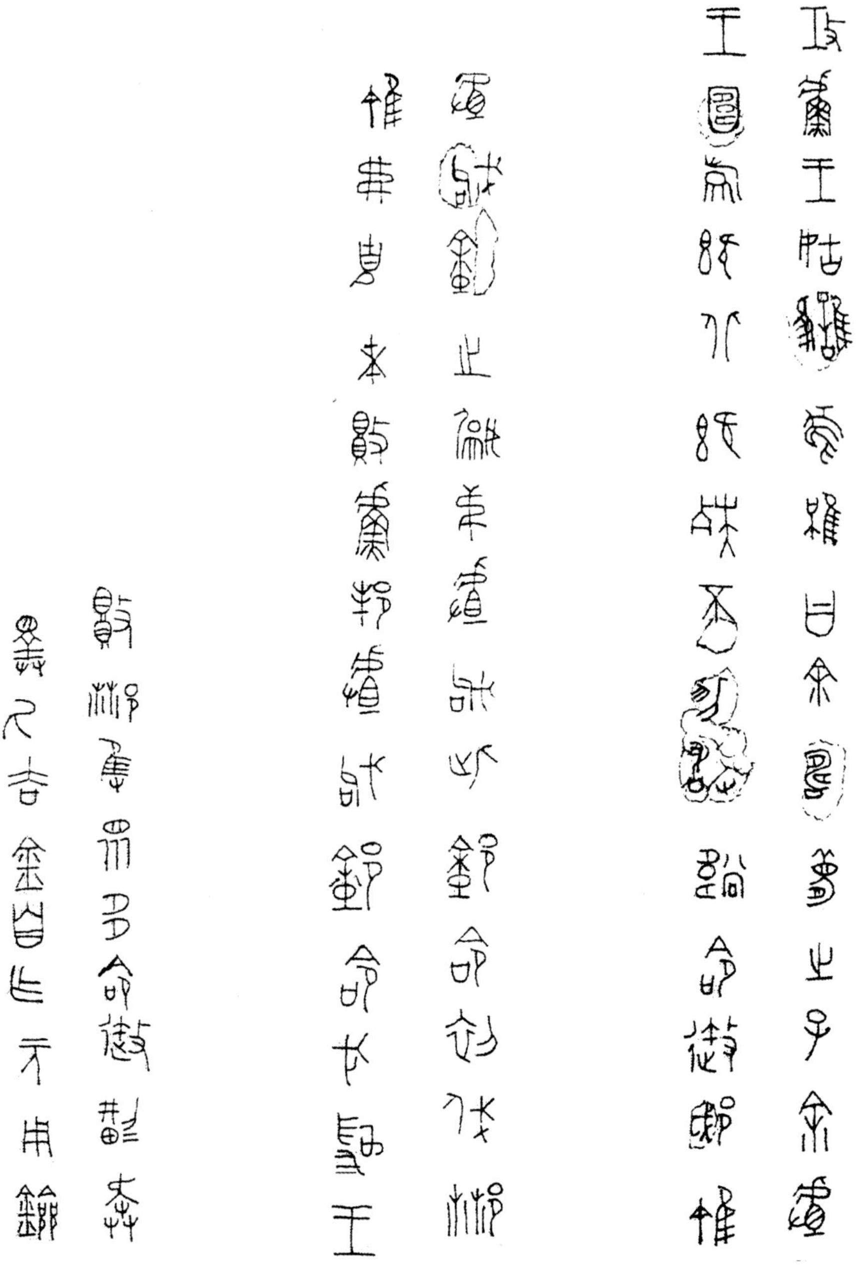

下段　　中段　　上段

吴王餘眜劍銘文摹本

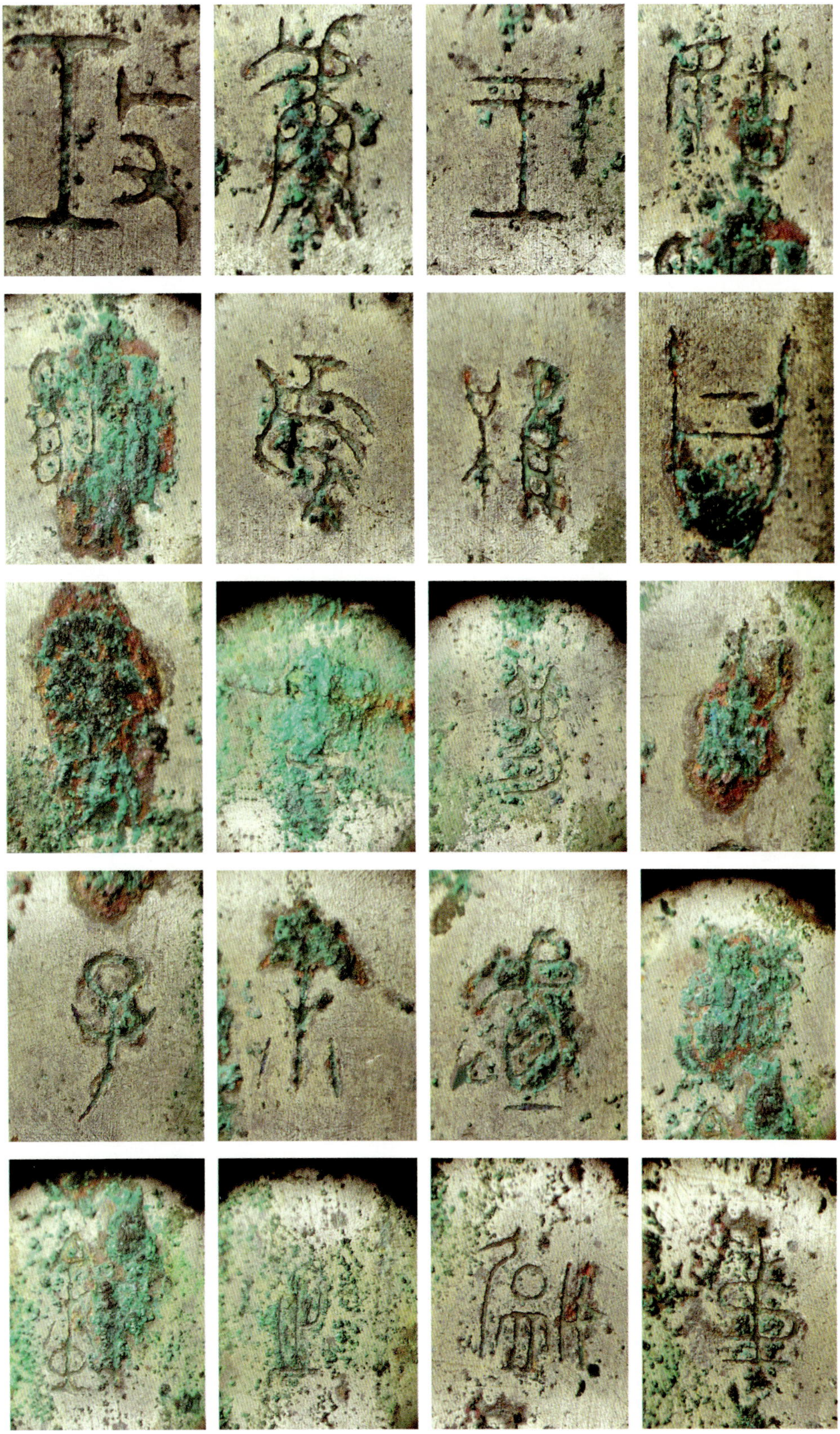

吴王餘昧劍銘文顯微照片（一）

吴王餘眜劍銘文顯微照片（二）

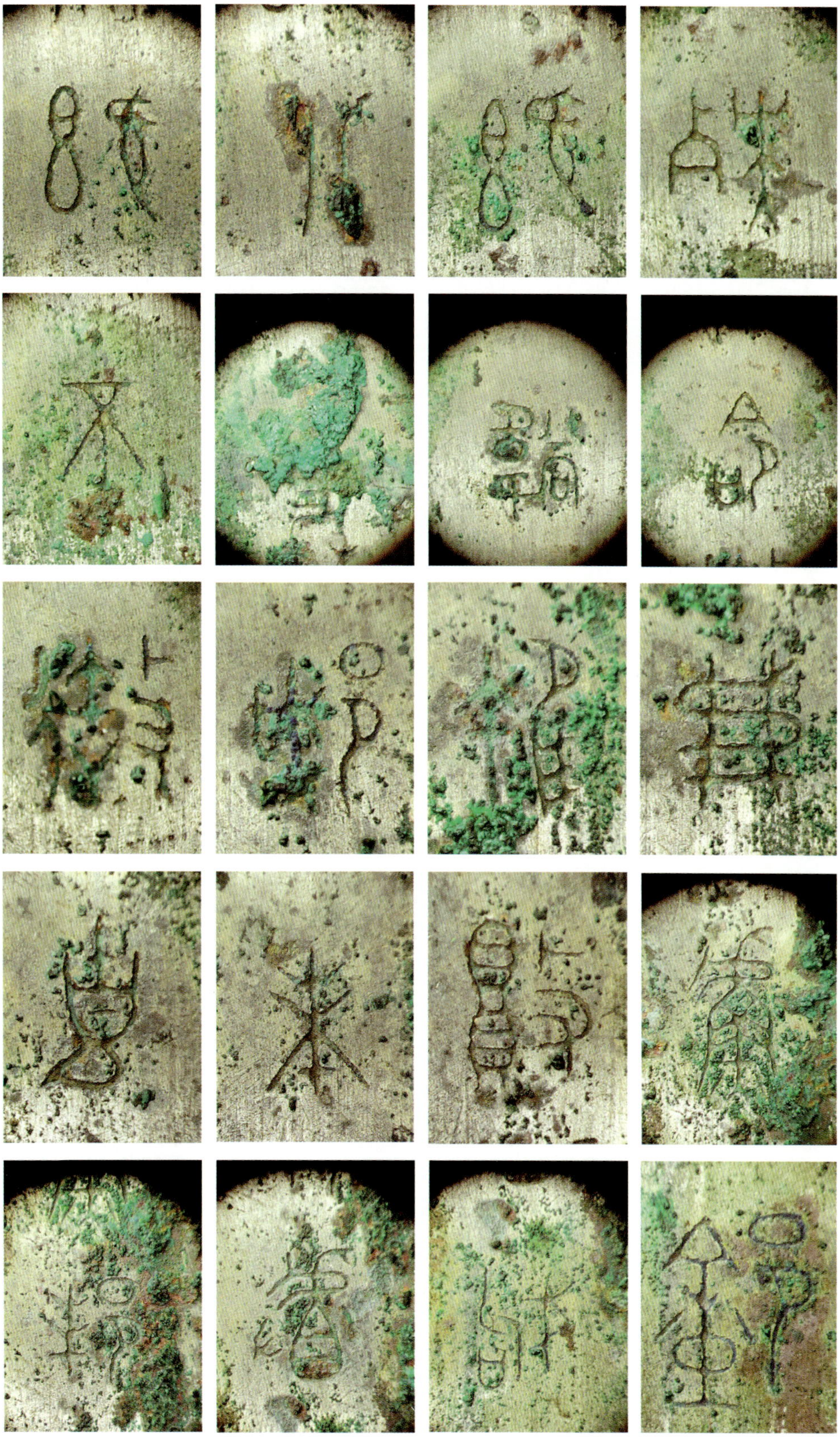

吴王餘眛劍銘文顯微照片（三）

吴王餘昧劍銘文顯微照片（四）

吴王餘眜劍劍身顯微照片

吴王餘昧劍纏緱顯微照片

壽夢之子劍

（紹興越文化博物館藏）

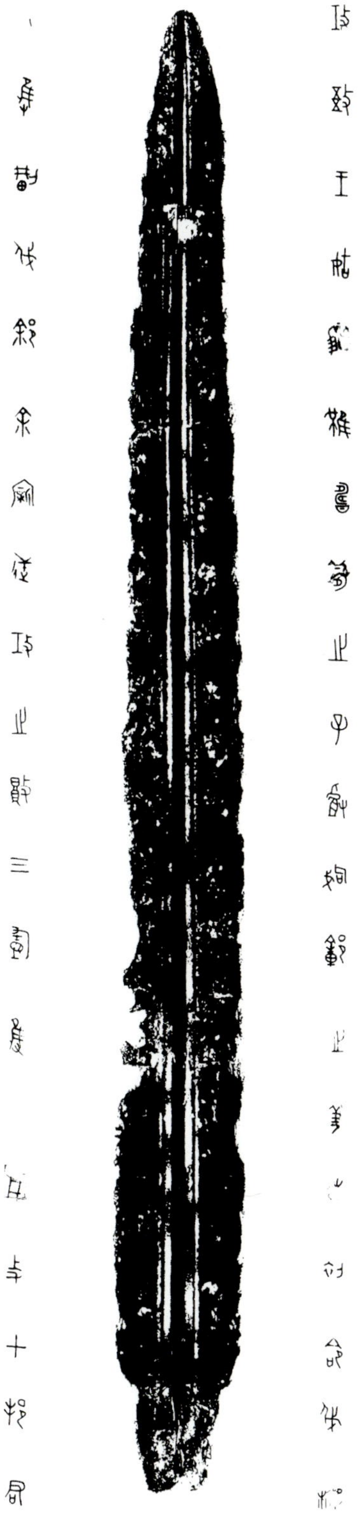

壽夢之子劍銘文摹本

（采自董珊《吴越題銘研究》）

壽夢之子劍銘文（右側）

壽夢之子劍銘文（左側）

壽夢之子劍銘文局部（上、中、下）

“兵與禮——吴王餘眜劍學術研討會”專家合影

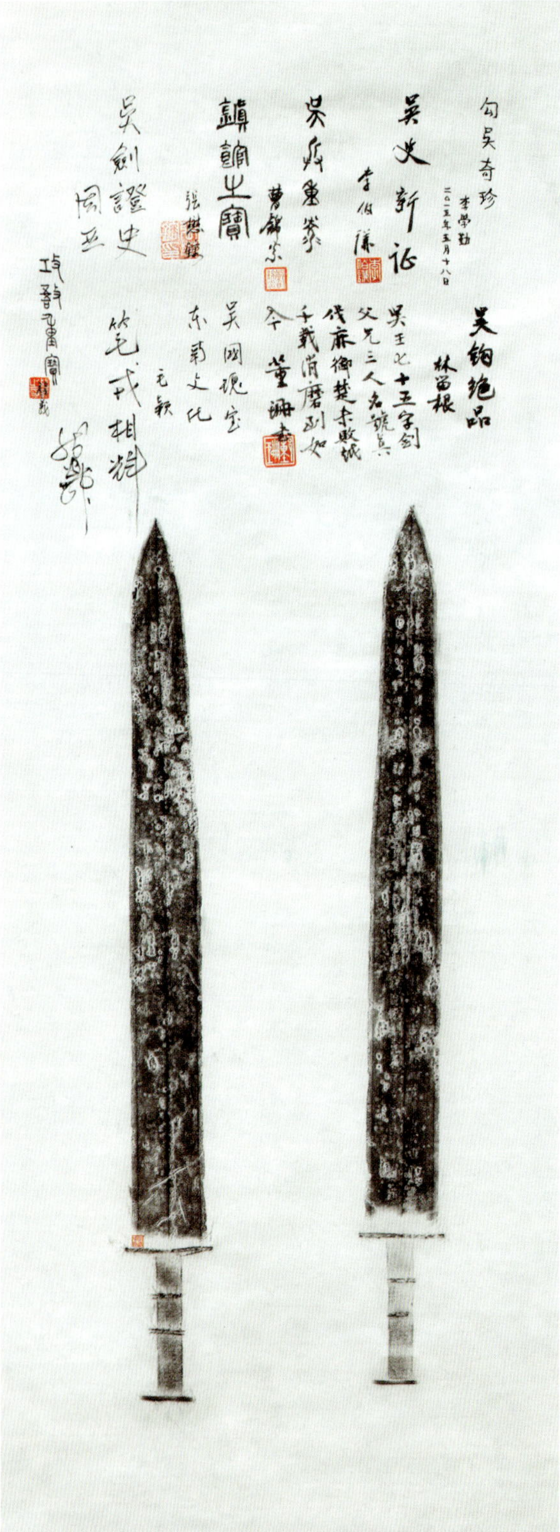

吴王餘眜劍全型拓題跋

序　言

春秋晚期蘇州成爲吴國都城所在地，吴國在這裏由興盛走向了滅亡，由此，蘇州開始與"吴"結下不解之緣。歲月的流逝中，蘇州責無旁貸地扮演着吴文化保護者、傳承者和發揚者的角色。蘇州博物館作爲蘇州最大的綜合性博物館，這一重任自然而然地落在其肩上。20 世紀 50 年代以來，蘇州博物館一直致力於吴文化遺址的調查研究、考古發掘、文化遺物的整理。

令人遺憾的是，蘇州博物館儘管擁有如真山大墓等吴文化的重要發現，但在很長時間内都未能收藏有帶銘文的吴國青銅器。爲了彌補這一空缺，蘇州博物館在徵集文物的中長期規劃中將吴國有銘銅器列在首位。

在政府和上級部門的鼎力支持下，蘇州博物館經過多年的不懈努力以及與各界的廣泛接觸，於 2013 年徵集到臺灣王振華古越閣所藏的 58 件吴越青銅兵器，其中包括了一柄吴王夫差劍。吴王夫差劍聲名在外，是吴越劍鑄造工藝與歷史價值的傑出代表，此次徵集到的是其中精美程度最高、品相最完好的一柄。這是蘇州博物館歷史上最大的一次文物徵集活動，也是同級别博物館中較爲成功的一次徵集活動，大大充實了蘇州博物館青銅器物的館藏。2014 年 12 月 19 日，"吴鈎重輝——蘇州博物館藏吴越青銅兵器特展”開展，引起社會各界的廣泛關注，全年海内外的相關媒體報導逾千條，遠高於我館同期其他展覽，成爲2014年蘇州博物館最受關注的展覽之一。這次吴越青銅兵器的徵集與展覽，爲蘇州博物館的文物徵集工作和展覽舉辦工作都積纍了寶貴的經驗。

2014年底，蘇州博物館又徵集到一柄吴國王室代表性兵器——吴王餘眜劍。這柄吴王餘眜劍保存基本完好，最爲珍奇的是其上鑄有兩行銘文，共75字，是目前所見劍類兵器中銘文最多的一柄，且銘文完好無缺，内容豐富，具有極高的展示、文獻和研究價值。2015年5月18日至8月3日，圍繞這柄吴王餘眜劍，蘇州博物館舉辦了“兵與禮——吴王餘眜劍特展”，同時組織了學術研討會。

此次吴王餘眜劍學術研討會邀請了清華大學教授、國家文物鑒定委員李學勤，北京大學教授、夏商周斷代工程首席科學家李伯謙等十餘位國内青銅文物鑒定與研究方面最爲權威的專家學者，圍繞餘眜劍展開了深入的學術討論。專家們在研討會上就某些争論已久的歷史問題達成了一定共識，收穫了豐碩的成果，對吴國青銅兵器研究乃至吴文化研究都有着重要的啓示作用。

對蘇州博物館來説，這次學術研討會還有另一層意義。自老一輩研究者退休之後，蘇州博物館的吴文化研究出現了斷層，年輕人對吴文化缺乏足够的興趣，吴文化學會活動也漸趨平淡。蘇州博物館極力推動此次研討會的召開，初衷之一正在於提升年輕人對吴文化的關注度，引導他們投入到對吴文化的學習中，激發他們的研究熱情。這是蘇州博物館在推動吴文化研究方面做出的新的努力。蘇州博物館期望各位權威學者的精彩發言能够給年輕人以啓發，爲年輕人做出表率，從而引領吴文化研究的延續與發展，使吴文化在未來漫長的歲月中繼續得到更好的傳承與發揚。

爲此，蘇州博物館特將吴王餘眛劍學術研討會諸位與會專家的論文集結成册，以供學者特别是年輕學者學習與交流，推進對餘眛劍以及吴文化更加深入的研究。

蘇州博物館館長　陳瑞近

2015 年 10 月

目　録

吴越歷史文化研究中的幾個問題

李學勤（清華大學）

館長，各位女士、先生：

我這次有機會來蘇州博物館，參加“吴王餘眛劍學術研討會”，能向各位請教，感到非常欣幸。

首先自然應當談到今天陳展的這柄劍。關於劍的性質、時代和銘文，已經有不少位先生作了很深入的研究，不需要我多説了。衹有一點我想特别講一下，這柄劍從形制、紋飾、文字和工藝等方面看，都是這種類型劍中已經非常成熟的。再對照紹興越文化博物館的餘眛劍，那柄劍屬於另一類型，和蘇州博物館的這一柄很不一樣，形制就差了許多，然而也表現爲相當成熟的。這種現象表明，在吴王餘眛時，兵器中不同類型的劍都已經有了成熟的發展，反映出鑄造工藝的高度成就。

我常説考古學是以進化論的理論爲基礎的，没有進化論的觀點，就没有現代意義的考古學。具體來説，兩柄餘眛劍之所以有這樣的成熟，一定有着相當長的前行過程，没有更早的發展階段，是不可能達到餘眛劍的成熟程度的。就連劍上銘文也是如此，怎麼會一下子就出現這麼長的一篇文字？换句話説，肯定有早於餘眛而成熟程度略差的類似兵器存在，有待將來發現。

餘眛劍的前行形態仍應在吴國。如説來自其他諸侯國，從文獻和考古發現來講都没有任何根據。蘇州博物館的兵器收藏已經形成特色，剛纔館長致辭説過，希望今後蒐集更多，展示更多，把吴國兵器的發展軌迹更完備地體現出來。

下面試談一下我對當前吴越歷史文化研究的幾點感想，主要是建議對吴越在整個周代歷史中所起的作用要做更充分的估計。

有些人會説，吴越兩國事迹的記載，在傳世文獻裏算是比較多的，特别是有的故事廣泛在民間流傳，可説爲人所共知。但實際上，大家熟悉的就是吴越争雄的那一段，吴國强盛了，征服了越國，越國隨後報仇，又滅了吴國，這段史事太有戲劇性了，《吴語》《越語》《吴越春秋》和《越絶書》等等，詳細描述的就集中在這一段，至於其他歷史，每每語焉不詳。我們從近年的發現和研究成果來看，吴越的歷史文化還有很多探討的餘地。

吴國在西周時所處的地位，恐怕不止如《史記·吴太伯世家》記述的那樣：太伯、仲雍奔於荆蠻，斷髮紋身，示不可用，他們組建的吴國與中原王朝長期没有關係，直到壽夢時期纔逐漸興起。實際情況不一定如此，一個很重要的證據是著名的西周早期青銅器宜侯夨簋。

宜侯夨簋的發現早在1952年。最早讀釋簋上銘文的，大概是丹徒籍的陳邦懷先生。簋正是在丹徒煙墩山出土的，陳邦懷先生説，他看到時還是一堆碎片，經他拼復，纔形成長篇的銘文，可惜缺了一塊，找不到了。這件簋屬於吴國，是唐蘭先生的卓見，是他釋定了“虞”字，并説明“虞”通讀爲“吴”，這是古文字學史上的要事。

這件簋屬於吴國，有幾重證據：其一，有明確的出土地點，可能是一座土墩墓；其二，有富於地方文化色彩的共出器物（如角形器等）；其三，銘文明記地理方位在“東國”。我還可以補充一點，就是銘中封地首先説“其川三百……”，顯然符合今江蘇的水網地貌。

儘管有這些證據，有不少學者還是不相信它屬吴國，這主要是他們不承認吴國之封有銘文體現的重大意義。簋銘開頭説，周康王“省武王、成王伐商圖，誕省東國圖”，於是命虞（吴）侯夨“遷侯於宜”。這段話説明周王朝是把吴國視爲鎮服東國即東方地域的重要力量。最近湖北隨州葉家山西周早期曾國（即隨國）墓地以及文峰塔正月曾侯𦟤編鐘的發現，使我們知道周成王把大臣南宫适（南公）封到漢東，是要“君庇淮夷，臨有江夏”，控制南方廣大地區。這同遷吴於宜地來控制東國，是同樣的戰略部署，我們對當時吴國的歷史位置，恐怕有必要刮目相看了。

越國在周代歷史上起重大影響作用的時間要比吴國晚得多。傳世史籍記得很明白，越國起源很早，但其主要的活動是在吞并吴國之後，也便是戰國早中期一段。以前我和楊寬先生曾就楚國滅越的問題有過討論，其實越國在先秦從來没有真正滅掉，而是最後歸於“破散”，回到宗族分立的狀態去了。秦漢時的南越、東越、甌越等，都是越國的延續。

戰國早期歷史的探索比較困難，因爲傳世文獻史料甚少，在《左傳》結束之後到《戰國策》之間幾乎空白，《竹書紀年》也没留下多少記述。越國活動的高峰剛好處在這個時期，即滅吴之後，越國重心北移，遷都琅琊，進一步擴大與中原列國的往來。關於越遷琅琊，錢穆先生《先秦諸子繫年》已經作了考證，近期也有學者詳論。琅琊在哪裏，目前尚難確定，但在山東省境應該没有疑問。正因爲越國的北上，其與齊、魯、三晉的關係便轉爲密切了。

可以向大家報告的是，清華大學收藏的戰國竹簡中的史書《繫年》，關於越國這個時期事迹有一系列記載，内容都是前所未知的，足以使我們認識到，研究當時歷史文化，絶不可以忽略越國所起的作用。

關於清華簡《繫年》，現在已有不少學者在深入研究。這裏我想衹介紹一篇煙臺大學碩士學位論文，是我剛剛讀過的，即陳民鎮的《清華簡〈繫年〉研究》。這篇論文認爲“《繫年》中最有價值的是關於戰國前期歷史的記載”（這當然不完全對，如西周初和兩周之際也很重要），而且特設兩節討論越國的史事，尤其是“山東時期越國的外交及地位”。

陳民鎮論文説明，越王朱句時期是“越國霸業的頂峰”，直至王翳，越國勢力仍甚强大。這是事實，試看《繫年》第二十二章，記載韓、趙、魏三國於楚聲王元年（公元前407年）聯合“越公殹”（即翳）伐齊，結果是：

> 齊與越成，以建陽、邱陵之田，且男女服。越公與齊侯貸（齊康公）、魯侯侃（魯穆公）盟於魯稷門之外。越公入饗於魯，魯侯馭，齊侯參乘以入。

這件事充分表明了當時越國地位的顯赫。伐齊事件同上世紀20年代河南洛陽金村出土的著名青銅器驫羌鐘有關，這裏不能詳説。

由此看來，越王句踐滅吴，衹是初成霸業，而其頂峰實在朱句（即州句）和翳的時期。大家知道，這恰好是越國劍發現最多、品質也最突出的一段時期，進一步證明吴越兵器的演進與其國勢的興替是直接相關的。

以上拉雜説來，一定有不少謬誤，請各位指教。

2015年5月18日

（據記録稿修改）

蘇州博物館新入藏吴王餘眜劍初探

程　義（蘇州博物館）

2014年底，蘇州博物館徵集到一件春秋時期青銅劍，劍身鑄有銘文70餘字。從銘文得知，器主是壽夢之子、劇𢼸此𨚕之弟姑讎亓雒，即吴王餘眜。吴國王室青銅器存世較少，且多爲兵器，但銘文極少有記事内容。本劍銘文不僅有三位吴王的王名，而且還記載有征伐、王位繼承等内容，通過與文獻相互印證，可以解决有關吴國王名的一些問題。本劍是吴國王室兵器中較爲重要的一件，也是目前所見先秦兵器中銘文最長的一件。現將其介紹如下，并對銘文作初步考釋。

一

本劍爲“一”字形窄格，圓莖帶兩道箍，圓盤形首，劍脊隆起，寬斜從，近鋒處明顯收狹，雙刃呈弧曲形。通長57.5、寬4.8厘米，束腰部分長約22厘米。本劍劍身和常見的吴劍如蘇州博物館藏夫差劍[1]接近，但劍格中部隆起，較常見“一”字格略高，劍柄和劍首裝飾簡單，與湖北穀城出土的吴王劍[2]相近。本劍保存較完好，除劍身中部有一處斷裂外，其餘部分均無殘缺，雖有兩個銘文受損，但不影響釋讀。銘文鑄在劍脊兩側，每側一行，共計75字，其中重文1字。爲了便於討論，現釋文如下：

攻盧（吴）王姑讎亓䨻曰：余，壽夢之子；余，戲戗郐之嗣弟。戲戗此郐命初伐麻，敗麻，隻（獲）眾多；命御郌（荆），郌（荆）奔，王圍𦣻，既北既殃，不争（?）敢鞘；命御邚（越），锥（唯）弗克，未敗盧（吴）邦。戲戗郐命戈（我）爲王，擇厥吉金自作元用劍。

“攻盧”，即攻吴，也即《史記》等文獻記載的“句吴”，國名，即吴國。但青銅器銘文中絶少見作“句吴”者，絶大多數作“工𫾜”、“工盧”、“攻敔（䲶）”、“攻吴”、“吴”等[3]。

“姑讎亓䨻”，“姑讎”之“讎”字被銹層覆蓋，經 X 光拍照後辨認，字形作“”。此字左右兩側爲兩個相嚮的鳥形，中間爲一“舌”字，當隸定爲“䜽”，即“讎”或“讐”字。此字字形和紹興魯迅路吴王壽夢之子劍[4]之“發”字接近，據本劍銘文應改釋爲“讎”。“讎”後一字作“”，上爲鳥形，下有手，與吴季子之子逞劍及𢍰公劍銘文“元”字[5]頗爲接近。此字字形應是由鳥蟲書反嚮轉化而來的篆書字形，所以保留了很多修飾性成分。此字應爲“元”或“亓”，與“餘”或“皮”音近，是吴語中的發音詞，無實際意義。其後一字作“”，左側作花朵形，右側爲“隹”。此字也見於魯迅路吴劍，李家浩釋作“䨻”，讀作“芇”，與“眛”或“末”音近[6]。董珊將魯迅路吴劍器主名釋作“姑發䨻”，認爲即吴王餘眛[7]。據本劍銘文，魯迅路吴劍器主之名當釋爲“姑讎䨻”。

“壽夢”，“壽”字被銅銹覆蓋，然仔細觀察仍可見其大概。壽夢爲吴國國王，《史記・吴太伯世家》：“去齊卒，子壽夢立。壽夢立而吴始益大，稱王。”[8]文獻中壽夢之名還有“乘”、“孰姑”、“孰夢諸”、“祝夢諸”等[9]。

“戲戗郐”，本劍另一處又作“戲戗此郐”，吴國王名。此王名在青銅兵器中較爲多見，如紹興魯迅路吴劍、湖北穀城出土吴王劍等。還有的作“戲矣工盧（吴）”，如保利藝術博物館藏吴王鈹[10]、杭州南湖出土吴王餘祭劍[11]等。“戲戗此郐”或即“戲句此餘”，亦即“勾餘”，古越語有多音節的習俗，春秋時吴越人稱“叡蛾此郐”，而在文獻記載中則作“句餘”[12]。“叡”和“此”爲次要音節，所以有時可以省略。學者多認爲此人即吴王餘祭，最近公布的一件工吴大叔叡矣殘劍[13]，銘文爲“工吴大叔叡矣工吴自作元用”，更加證明此人的排行是王的首弟，即“大叔”，亦諸樊之後第一位[14]。壽夢有四子，分别是諸樊、餘祭、餘眜、季札。餘祭的排行適爲諸樊之後第一位，文獻記載和文物刻銘正相吻合。

“嗣弟”，“嗣”作“”，從人從女，中間爲口、册。嗣，爲繼承之意，因吴國采取兄終弟及之制，所以嗣弟即相當於嗣君、嗣王。

“命初伐麻，獲衆多”，“麻”作“”，此字左半側爲“麻”字初文，見於《説文》卷七下，右側“邑”爲地名用字常見附件。筆者認爲，此即《史記》所載“吴亦攻楚，取三邑而去”之三邑中的“麻”。三邑，《集解》引《左傳》曰：“吴伐楚，入棘、櫟、麻。”《索隱》：“杜預注彼云：‘皆楚之東鄙邑也……’案：解者以麻即襄城縣故麻城是也。”[15]此句大意爲，命我初次伐麻，俘獲了很多敵人。

“命御荆，荆奔”，“荆”，楚國别名，《説文·草部》：“荆，楚。木也。”銘文從井從刀，下部從田，爲“型”字本字，借爲“荆”。此字和紹興魯迅路吴劍銘文相同，唯此字下有一重文符號。此句大意爲，命我抵禦荆的進攻，并趕跑了荆人。

“王圍𢳚”，“王”後一字下部被銅銹覆蓋，據X光照片辨認，應爲“圍”字。“”，從手，下爲日下四垂筆，和楚王酓章鎛銘文西𢳚之“𢳚”字[16]接近。羅運環認爲，“𢳚”字從㫃昜聲，用於地名，傳世文獻多作“陽”，曾侯乙墓簡文裏的陽城君、魯陽公之“陽”均寫做此字[17]。但此地在何處，尚不能確定，亦當爲楚之東邑。此句大意爲，王餘祭包圍了楚邑𢳚。

“既北既殃，不争敢䩹”，此句有三字被銹層覆蓋，據X光照片辨認，“殃”後第一字當爲“不”；“殃”後第二字作“”，此字和金文“静”之右側接近，暫釋“争”，或爲“我”之異文；“殃”後第四字，從韋從尚，古字

韋、革、糸旁互用，可通“緔”，意爲結合。此句大意應爲，我既打敗了敵人，又讓敵人遭了殃，讓他們無路可逃。

“命御越，唯弗克，未敗吴邦”，“越”字左側銹蝕，但仍可辨認出爲“越”，“越”在金文中習見，左側爲戉，右側爲邑。“唯”字，左側爲午，右側爲隹，即“䧺”，此字亦見於晉公盤[18]，通“唯”。關於吴越交攻，《史記·越王勾踐世家》記載：“允常之時，與吴王闔閭戰而相怨伐。”[19]但《吴越春秋》記載：“（允）常立，當吴王壽夢、諸樊、闔閭之時。越之興霸，自允常矣。”[20]此概言之，即越國興起幾乎和吴國同時。據本劍銘文，可將吴越交攻的起始推前至餘祭在位時期。此次吴越之戰，文獻失載。此句大意爲，又命我抵禦越國的進攻，他們没有打敗我吴國。

“㪿䥗郄命戈（我）爲王，擇厥吉金自作元用劍”，“命”後一字爲“戈”，當作“我”講，自稱。“”上部從手從象，下部略有銹蝕，據X光照片辨認，當釋“爲”。此句大意爲，㪿䥗郄（餘祭）命我爲繼承他王位的人，選擇好的青銅做了這把自己用的劍。

二

前面對劍銘做了簡單的考釋，由於本劍銘文和紹興魯迅路吴劍銘文關聯密切，故下邊着重結合魯迅路吴劍銘文談談本劍銘文的意義。

首先，本劍銘文解決了長期以來關於吴王王名的争論。本劍銘文明確了壽夢爲父，㪿䥗此郄、姑讎亓雒爲子，而且兄弟二人的關係也很明確，即㪿䥗此郄爲兄，姑讎亓雒爲嗣弟。壽夢有四子，即諸樊、餘祭、餘眛、季札，諸樊、季札之名已經考訂清楚，本劍銘文又明確了兄弟關係，再加之“工吴大叔㪿矣”劍銘的公布，可以認定㪿䥗此郄爲餘祭，姑讎雒、姑讎亓雒爲餘眛。

其次，本劍的器主、年代與魯迅路吴劍相同。魯迅路吴劍之“姑讎雒”及本劍之“姑讎亓雒”是同一人，即餘眛。“姑讎亓雒”一詞的出現，爲吴國王室氏名研究提供了綫索。本劍的製作年代，與魯迅路吴劍基本相當，衹是本劍銘文更爲豐富。據其内容可以判定，此時吴王餘眛剛即位不久，爲了紀念這個重要的時刻而特意製作了本劍，并撰寫了記功性長篇銘文。本劍比魯迅路吴劍保存完整，依據本劍銘文，可對魯迅路吴劍銘文不清楚或誤釋的文字做一補釋。該劍銘文可重新整理如下："攻敔王姑讎雃，壽夢之子，䣄鈛此邻之義弟。初命伐麻，有獲。荆伐徐，余親逆攻之，敗三軍，獲□□，支七邦君。"

再次，透過銅劍銘文，我們可以更加深入地瞭解吴國的歷史文化。結合兩劍銘文，我們可以瞭解更多關於吴國王位繼承的信息。因爲壽夢欲傳位於季札，所以吴國王位傳承采取兄終弟及之制。《史記索引》引《公羊傳》曰："謁也，餘祭也，夷末也，與季子同母者四人。季子弱而才，兄弟皆愛之，同欲以爲君。兄弟遞相爲君，而致國乎季子。"[21]其具體情形，據兩劍銘文可知，王位繼承人是由在位的王指定"嗣弟"或"義弟"的方式來確定的。這個嗣弟或義弟可能要有一定的軍功，所以餘眛在劍銘中一再强調自己的赫赫戰功。如果綜合考察吴國青銅劍銘文，尤其是安徽淮南趙家孤堆諸樊劍[22]、山東沂水諸樊劍[23]、山西榆社諸樊劍[24]、浙江杭州南湖餘祭劍、紹興魯迅路吴劍及本劍，這些青銅劍的銘文已經包含有大量的記事成分。這些銘文，多的如本劍達70餘字，放在北方青銅禮器中也算中等篇幅。因此有理由認爲，由於吴國特殊的地理環境和戰争格局，使得銅料在吴國異常珍貴，所以早期吴人没有采取北方以容器、樂器爲禮器的傳統，而是因地制宜地以劍爲禮器。到了闔閭、夫差時期，國力日漸强大，方有少量青銅禮器之鑄造。這是吴國歷史上一個值得注意的現象，可以稱爲以兵爲禮或兵禮器時期。

最後，關於兩劍銘文提到的三次戰争，筆者傾嚮是相同的三次戰争，即第一次伐麻，第二次禦荆，第三次禦越。據本劍銘文，這三次戰争應發生在餘眛被立爲"嗣王"之前，即餘祭在位時期。第一次所伐之地，由於魯迅路吴劍銘文殘泐，所以曹錦炎認爲是泗水流域之小國[25]，李家浩[26]、董珊[27]認爲是巢國。現據本劍銘文字形，此字當釋爲"麻"，應和《史記》記載的

“吴亦攻楚，取三邑而去”有關。此事發生在餘祭十年，但《索隱》認爲：“餘祭在位四年，餘眛在位十七年。系家倒錯二王之年……”[28]如此，則此事即發生在餘眛六年。但據本劍銘文，此事應發生在餘眛被立爲“嗣王”之前，故關於餘祭、餘眛在位時間問題，仍應以《史記》爲準，即餘祭在位 17 年，餘眛在位 4 年。第二次戰爭，是抵禦荆楚的進攻。吴楚之間戰爭頻繁，餘眛親自參加了哪一場戰爭無從考證。如果前説正確，則此次戰爭應即《史記》所載“十一年，楚伐吴，至雩婁”[29]之戰。董珊將魯迅路吴劍此戰理解爲荆伐徐，吴作爲徐的盟國參戰[30]，應即本劍銘文所載“王圍鴋，既北既殃”之戰。在吴楚交戰之際，越軍趁機北上進攻吴國，此即本劍銘文中的“御越”之戰，越王可能就是魯迅路吴劍銘文中的“七邦君”之一。

附記：本文寫作參考了李學勤、朱鳳瀚、曹錦炎、周亞等專家的意見，并得到張懋鎔、張學鋒老師的鼓勵和支持，在此謹表謝忱。

注 釋

[1] 蘇州博物館《吴鈎重輝——蘇州博物館新入藏青銅兵器》，文物出版社，2014 年，第 60～61 頁。

[2] 陳千萬《湖北穀城縣出土“攻𢾊王䱷钺此郤”劍》，《考古》2000 年第 4 期。

[3] 曹錦炎《從青銅器銘文論吴國的國名》，《吴越歷史與考古論叢》，文物出版社，2007 年。

[4] 曹錦炎《吴王壽夢之子劍銘文考釋》，《吴越歷史與考古論叢》，文物出版社，2007 年。

[5] 容庚《金文編》，科學出版社，1959 年，第 2 頁。

[6] 李家浩《攻敔王姑義雓劍銘文及其所反映的歷史》，陳昭容主編《古文字與古代史》第 1 輯，臺北“中央研究院”歷史語言研究所，2007 年。

[7] 董珊《吴越題銘研究》，科學出版社，2014 年，第 21 頁。

[8]《史記》，中華書局，2013 年，第 1741 頁。

[9] 同 [7]，第 8 頁。

[10]《保利藏金》編輯委員會《保利藏金——保利藝術博物館精品選》，嶺南美術出版社，1999 年，第 253～254 頁。

[11] 曹錦炎《工吴王䖒𢧵工吴劍銘文考釋》，《西泠印社“重振金石學”國際學術研討會論文集》，西泠印社出版社，2010 年。

[12] 同 [2]。

[13] 同 [7]，第 13、15 頁。

[14] 何琳儀《程橋三號墓盤匜銘文新考》，《東南文化》2001 年第 3 期。

[15] 同 [8]，第 1755～1756 頁。

[16] 中國社會科學院考古研究所《殷周金文集成》85，中華書局，1984 年。

[17] 羅運環《楚王酓章鎛銘文疏證》，《武漢大學學報》（人文科學版）2008 年第 4 期。

[18] 同 [5]，第 204 頁。

[19] 同 [8]，第 2087 頁。

[20]（漢）趙曄《吴越春秋》，江蘇古籍出版社，1999 年，第 102 頁。

[21] 同 [8]，第 1774 頁。

[22] 安徽省文化局文物工作隊《安徽淮南市蔡家崗趙家孤堆戰國墓》，《考古》1963 年第 4 期。

[23] 沂水縣文物管理站《山東沂水縣發現工𠪚王青銅劍》，《文物》1983 年第 12 期。此劍未見王名，董珊根據銘文内容定爲諸樊之器，參見《吴越題銘研究》，第 9 頁。

[24] 晉華《山西榆社出土一件吴王貼發劍》，《文物》1990 年第 2 期。

[25] 同 [4]。

[26] 同 [6]。

[27] 同 [7]，第 21 頁。

[28] 同 [8]，第 1756 頁。

[29] 同 [8]，第 1755 頁。

[30] 同 [7]，第 21～22 頁。

（此文原載於《文物》2015 年第 9 期）

新見攻盧王姑發皮難劍銘文及其相關問題

曹錦炎（浙江大學文化遺産研究院）

1997 年，浙江省紹興市於市區魯迅路改造工程中，出土了一柄春秋時期的青銅劍，劍身鑄有銘文 40 字（劍藏紹興越文化博物館）。從銘文知道，器主爲吴王壽夢之子，而且銘文中所記的幾位吴王名字與《左傳》的記載正可互證。我曾在《文物》上撰文，考定器主“䱷䖂此郚”是後來繼位爲吴王的餘祭，并對銘文涉及的相關史實加以討論[1]。

2006 年 9 月，於臺北中研院史語所召開的第一届古文字與古代史學術討論會上，李家浩先生提交了《攻敔王姑義雒劍銘文及其所反映的歷史》一文，對拙説提出修正意見。他同意我考證“䱷䖂此郚”爲吴王餘祭的結論，但不認爲是器主，其主要看法是：

一、銘文開頭一段作器者自述身世，其文例是主謂等同關係的判斷句。“攻敔王姑”下二字是“義雒”，“雒”從“芇”得聲，“姑義雒”即史書中的吴王壽夢第三子“餘眛”或“夷末”。釋文應改爲：“攻敔王姑義雒，壽夢之子，䱷䖂（敏）郚之義弟”。

二、銘文所記的史事有三件：1、“初命”；2、“伐巢[有]獲”；3、“荆伐徐，余親逆攻之，敗三軍，獲[車]馬，攴（撲）七邦君。”第一件史事指餘眛即王位後第一次受周天子錫命；第三件史事可能是《春秋》昭公四年（吴王餘眛六年）所記的吴、楚之戰。根據上述意見，攻敔王姑義雒劍的年代應該在吴王餘眛六年年末或七年年初，即公元前538年至公元前537年之間[2]。

雖然李先生將劍銘“姑發難”改釋爲“姑義雃”并不準確，但其指出器主爲吴王壽夢第三子餘眛的意見却頗具卓識。近得機緣，獲見一柄私人所藏的吴王青銅劍，銘文多達75字，其内容竟然與紹興出土的吴王壽夢之子劍（以下簡稱“紹興劍”）銘文部分重合，器主也是同一人。銘文不僅證實了李家浩先生考定器主爲吴王餘眛的説法，而且解决了傳世吴國銅器者減鐘銘文中所記“攻敔王皮𩁹”究竟是誰的困惑，也解决了餘祭、餘眛兩位吴王在位的年數問題，同時再次證實了我關於吴國王室以“姑發”爲氏名的觀點。吴王兵器本來出土就不多，記有三位吴王名字者更可謂是絶無僅有。特别是此劍銘文竟長達75字，更是迄今出土兵器銘文之首。另外，銘文中所記載的吴楚兩國戰爭之事，亦可印證及補充《左傳》和《史記》的相關記載。這是吴國青銅器銘文及歷史研究中一次特别重要的發現，彌足珍貴。

劍爲吴越青銅劍常見形制，圓首，圓莖、凸箍，薄格，通長58厘米。銘文爲鑄款，位於劍身單面中脊兩側，各一行，字口筆道極細，少數文字爲銅銹所掩蔽。共計銘文75字，其中重文1字。下面先寫出釋文，再作討論。

> 攻盧王姑發皮難曰：余壽夢之子，余叡㦰邻之嫡（?）弟。叡㦰此邻命初伐郙（麻），敗郙（麻），隻（獲）眾多。命御𨗨（荆），𨗨（荆）奔，王圍𣦼（殤），既北既殃，不□莫鞘（鞘）。命御郕（越），唯弗克，未敗盧（吾）邦。叡㦰邻命弋（代）爲王，擇𠂤（厥）吉金，自乍（作）元用鐱（劍）。

銘文開頭一段是作器主自述身世，稱：“攻盧王姑發皮難曰：余壽夢之子，余叡㦰邻之嫡（?）弟。”説其身份爲攻盧王，自己是壽夢的兒子，叡㦰邻的弟弟。

“攻盧王”，即吴王。“攻盧”，紹興劍銘作“攻敔”，國名，即吴國。從出土及傳世的吴國青銅器銘文來看，吴國國名還有“工盧”、“工𪓐”、“攻五”、“攻敔”、“工吴”“攻吴”等多種寫法，最後由“攻吴”省稱爲“吴”。吴、五、珯、敔，及從“魚”聲的盧、獻古音相同，係通假字。至今吴方言中，五、吾、魚這幾個字的讀音仍然與“吴”相同。《史記》或作“句吴”，《吴太伯世家》：“太伯之奔荊蠻，自號‘句吴’。”宋國銅器宋公欒瑚稱之“句敔”。至於將“攻吴”寫做“句吴”，乃是中原人記吴音的緣故[3]。

“姑發皮難”之“皮”字，構形與攻尹坡鑒銘文的“坡”字作“”所從之“皮”同[4]。“發”字，本劍與紹興劍銘文半掩於鏽下，有些模糊，構形亦有訛誤（本劍有若干字形訛誤較多，如“郜”、“圍”、“旟”、“奔”、“爲”等字），但參考幾件記諸樊之名兵器，如工盧太子姑發閂反劍、工盧王姑發䰠反之弟季子劍、工盧王姑發者阪戈、攻盧王姑發郘之子劍、攻敔王姑發者反之子通劍的銘文[5]，仍可以辨出，絶非“義”字。上述吴國兵器銘文所稱的“姑發閂反”等名皆指吴王諸樊，已成定論，但過去一直未明白其構名原則，眾説紛紜，更没有認識到“姑發”爲氏稱。我在考證紹興劍銘文時首先揭示其爲吴王氏稱，并在有關文章中再一次作了闡述和討論[6]。本銘吴王的名字全稱作“姑發皮難”，“姑發”爲氏稱；“皮難”是名（或字）。紹興劍銘作“姑發難”，乃是省寫，即將二字名省爲一字名。這類省寫在銅器銘文及典籍中皆有不少例子，本劍銘文中將“叡钺此郜”之名或省成“叡钺郜”，便是很好的例證。

“壽夢”，亦見紹興劍銘，“壽”字構形皆作簡體。壽夢即見於《左傳》和《史記》等的吴王壽夢，其名字寫法與文獻記載相一致。壽夢的名字，《春秋》經文則作“乘”（襄公十二年），《世本》作“孰姑”，司馬貞《史記索隱》曾從對音角度，討論過“壽夢”與“乘”、“孰姑”三者的關係，并没有説清楚。我以爲，寫做“乘”應是以中原音記“壽夢”的急讀音，至於《世本》作“孰姑”，或有可能是記吴王氏稱“姑發”的訛誤[7]。春秋後期吴、越争霸，相繼稱王，吴國稱王始自壽夢，《史記·吴太伯世家》載：“去齊卒，子壽夢立。壽夢立而吴始益大，稱王。”

“叡䥲郐”，下文作“叡䥲此郐”，可見是省寫，即四字名省爲三字名。紹興劍銘作“叡䥲郐”，湖北穀城出土的劍銘作“叡䥲此郐”，同樣可以證實。“叡䥲此郐”即典籍所稱的吴王餘祭，我在考釋紹興劍銘文時已詳作論證，此不贅述。《史記・吴太伯世家》載：“二十五年，王壽夢卒。壽夢有子四人，長曰諸樊，次曰餘祭，次曰餘眛，次曰季札。季札賢，而壽夢欲立之，季札讓不可，於是乃立長子諸樊，攝行事當國。……十三年，王諸樊卒。有命授弟餘祭，欲傳以次，必致國於季札而止，以稱先王壽夢之意，……十七年，王餘祭卒，弟餘眛立。”因爲姑發皮難是繼其兄叡䥲此郐爲吴王，所以銘文要在此處特别强調其兄。“弟”字前一字作“㑣（?）”，構形似從“人”從“皿”從“戈”；紹興劍銘此字似爲“美”，確切字及義待考。結合文獻記載，劍銘的姑發皮難就是吴王餘眛，可以認定。

值得指出的是，清朝乾隆二十六（1761年）年於江西臨江（今清江縣）出土了一套吴國青銅編鐘，共十一件，十件有銘，現分别藏於臺北故宫博物院和上海博物館，作器者自稱是“工盧王皮㸑之子者減”[8]。“工盧王皮㸑”究竟是傳世文獻中哪一位吴王，過去學術界意見紛紜，有“頗高”、“禽處”、“柯轉”、“諸樊”、“畢軫”、“壽夢”等多種説法，我也一度曾贊同馬承源先生的“畢軫”之説。近年李家浩先生提出新説，認爲“唯有吴王闔廬--名‘䞶’或‘韓’與‘皮㸑’的讀音相合”[9]。定其爲吴王闔廬。上已指出，“姑發”爲吴王的氏稱，因此，可以認定者減鐘銘的“工盧王皮㸑”就是新出劍銘的“攻盧王姑發皮難”，衹不過鐘銘是將吴王名字省略了氏稱，“難”字下增“火”旁而已。由於紹興劍銘省寫做“姑發難”，故我在考釋時失之交臂。幾十年的學術懸案，終於從新出劍銘得到解决。當然，“皮難”如何與“餘眛”讀音相合，尚需作進一步研究[10]。

以下銘文，是記録姑發皮難受命參與的三次對外戰争。

一、“叡䥲此郐命初伐麻，敗麻，獲衆多。”“叡䥲此郐”之後緊接一個“命”字，説明姑發皮難是受叡䥲此郐所命（下面二則，“命”前省略了主語）。“命”，命令；“初伐”，首次征伐。“命初伐”紹興劍銘作“初命伐”，以至李家浩先生誤認爲是記餘眜即王位後第一次受周天子錫命。“初伐麻”之麻字，紹興劍銘不甚清楚，我未釋出，李家浩先生改釋爲“𨚮”，讀爲“巢”。劍銘的“麻”字原篆構形很清楚，從“邑”從“𣏟”聲，“𣏟”即“麻”之本字。《説文》：“𣏟，葩之總名也”，“麻，與𣏟同”。《儀禮・喪服》記服妻與昆弟之喪時都有“疏衰裳齊，牡麻絰”，郭店楚簡《六德》寫做：“綀（疏）衰齊，戊𣏟實（絰）”，“麻”字作“𣏟”（參看裘錫圭先生按語）。又，《禮記・緇衣》：“白圭之玷，尚可磨也。”“磨”字，郭店楚簡本作“磿”，上海博物館藏楚竹書本作“𥓓”，均寫作從“石”從“𣏟”，可證。“麻”字贅增“邑”旁，是春秋戰國時期國名、地名或姓氏專用字的特殊寫法，如“戉”作“郕”、“曹”作“鄫”、“齊”作“鄕”、“胡”作“㸸”等，皆其例[11]，秦始皇帝統一文字後，這類異體字大都被廢除。

吴國伐麻之役，見於《左傳》昭公四年記載：“冬，吴伐楚，入棘、櫟、麻，以報朱方之役。”杜預注：“棘、櫟、麻，皆楚東鄙邑。譙國酇縣東北有棘亭，汝陰新蔡縣東北有櫟亭。”楊伯峻注：“棘，今河南永城縣南，亦見於襄二十六年傳。櫟，今河南新蔡縣北二十里。麻，在今安徽碭山縣東北二十五里，舊有麻城集。”此次戰役是吴國爲了報復當年“秋七月，楚子以諸侯伐吴，……使屈申圍朱方，八月甲申，克之。執齊慶封而盡滅其族”（《左傳》昭公四年）的行動。銘文稱伐麻之役“敗麻，獲衆多”，《説文》：“衆，多也。”“衆多”猶言多多，同義疊用。紹興劍銘作“伐麻，有獲。”可見是打敗了麻邑的楚軍，俘獲很多。

二、“命御荆，荆奔，王圍𩿧（殤），既北既殃，不□莫鞘（鞫）。”此次姑癸皮難受命是“御荆”，御，同禦，抵擋之意。《詩・邶風・谷風》：“我有旨蓄，亦以御冬。”毛傳：“御，禦也。”荆字原篆作“𦍗”，即“型”字異構，讀爲“荆”，兩字均從“刑”得聲，可通。《説文》：“荆，楚木也。”荆，楚國的别稱，《史記・吴太伯世家》：“太伯之奔荆蠻。”司馬貞《索隱》：“荆者，楚之舊號，以州而言之曰荆。”又《穀梁傳》莊公十年、十四年、二十八年并謂：“荆者，楚也。”從青銅器銘文看，“楚”爲楚國自稱，他國稱其爲“荆”似乎帶有貶意。《左傳》成公七年記載：吴王壽夢二年（公元前584年），是時晉楚争霸，晉國爲了削弱楚國，特派巫臣出使吴國，“以兩之一卒適吴，舍偏兩之一焉。與其射御，教吴乘車，教之戰陳，教之叛楚。……吴始伐楚、伐巢、伐徐。……蠻夷屬於楚者，吴盡取之”。從此吴、楚兩國一直處於敵對狀態。“御荆”，抵擋楚國的進攻。“奔”字劍銘原篆構形中，下所從三“止”旁皆訛爲“中”。奔，快跑，引申爲逃跑，《史記·齊太公世家》：“武公九年，周厲王出奔，居彘。”“荆奔”，楚軍被打敗逃跑。

此次戰役，紹興劍銘作：“荆伐徐，余親逆攻之，敗三軍，獲車馬，支七邦君。”可知乃是因楚伐徐而引起的。伐徐之役，《左傳》載，昭公十二年冬十月，“楚子狩于州來，次于潁尾。使蕩侯、潘子、司馬督、囂尹午、陵尹喜帥師圍徐以懼吴。楚子次于乾谿，以爲之援。”《史記·楚世家》載：“十一年，伐徐以恐吴。靈王次於乾谿以待之。”《史記·十二諸侯年表》於吴餘眜元年，楚靈王十一年欄書：“王伐徐以恐吴，次乾谿。民罷於役，怨王。”因此，銘文“王圍殤”之“王”當指楚靈王，“圍”是楚靈王之名，見《史記·楚世家》：“康王寵弟公子圍、子比、子皙、棄疾。郟敖三年，以其季父康王弟公子圍爲令尹，主兵事。四年，圍使鄭，道聞王疾而還。十二月己酉，圍入問王疾，絞而弑之。……子比奔晉，而圍立，是爲靈王。”𥎦，讀爲“殤”，兩字皆從“昜”得聲，可通。《説文》：“殤，不成人也。”亦指戰死者，《楚辭·九歌·國殤》王逸注：“國殤，謂死於國事者。”據《史記·楚世家》載，“楚靈王樂乾谿”，“國人苦役”，結果眾叛親離，“遂入殺靈王太子禄，立子比爲王”，以至靈王“飢於釐澤”，“死申亥家”。《史記·十二諸侯年表》靈王十二年欄書：“棄疾作亂自立，靈王自殺。”銘文殆指此。

“既北既殃”，北，本爲方位名，此處引申爲敗走，《孫子·軍争》：“佯北勿從。”即指軍隊敗走而言。“殃”，灾禍之意，《説文》：“殃，咎也。”

《易・坤》："積不善之家，必有餘殃。"亦可訓爲敗，《禮記・月令》："冬藏殃敗，民多鼽嚏。"北、殃二字義同。鞝，從構形分析當與後世字書之"鞝"字同（今通行作"緔"），縫綴之意。"莫鞝"，似說楚人潰不成軍。《左傳》："（昭公）十三年春，楚師還自徐，吴人敗諸豫章，獲其五帥。"紹興劍銘說此戰"敗三軍，獲車馬，支七邦君。"楚軍是役還有同盟軍參戰，兩劍記載詳略有所不同。

三、"命御越，唯弗克，未敗𠩵（吾）邦。""越"字原篆作"邚"，是越國國名的專用寫法。此次姑發皮難受命是"御越"，即抵擋越國的軍隊。《春秋》昭公五年經："五年冬，楚子、蔡侯、陳侯、許男、頓子、沈子、徐人、越人伐吴。"此役有越人參與，可以對看。銘文謂"唯弗克，未敗𠩵（吾）邦"，是說姑發皮難率軍有效地抵擋了越人的進攻，因此越人没有成功，吴國未被其打敗。

與前二次戰役吴軍取得勝利不同，這次衹是吴國未被敵軍打敗而已。所以，姑發皮難追述自己"戰功"時將其附於後面。

銘文末段稱："䱷㦸郚命弋（代）爲王，擇厥吉金，自作元用劍。""弋"讀爲"代"，古文字例子甚多，如《楚帛書》甲篇："四神相弋（代）"；上海博物館藏楚竹書《從政》："昔三弋（代）之明王之又（有）天下者"、《仲弓》："昔三弋（代）之明王"、《鮑叔牙》："殷人之所以弋（代）之"等，"弋"字皆讀爲"代"，是其證。《説文》："代，更也。"接替，承繼，《書・微子之命》："命微子啓代殷後。"《論衡・偶會》："父歿而子嗣，姑死而婦代。""䱷㦸郚命代爲王"，是說姑發皮難受䱷㦸此郚之命而繼位爲吴王。《史記・吴太伯世家》載："十三年，王諸樊卒。有命授弟餘祭，欲傳以次，必致國於季札而止，以稱先王壽夢之意。"從文獻記載來看，䱷㦸此郚（餘祭）是遵循了父王壽夢之意及長兄諸樊之命，於臨終時授王位於姑發皮難（餘昧）。銘文與文獻記載正相一致。

"擇厥吉金，自作元用劍。"姑發皮難爲紀念受命繼位爲吴王這件大事，同時也爲了宣揚自己的赫赫戰功，因此選擇了堅實的銅料，自己製了一柄很好的用劍。從銘文所記史實分析，本劍的製作年代可定爲餘眛受命爲吴王之後的第二年。紹興劍的製作年代則稍後。

最後，需要討論吴王餘眛的在位年代問題。

據《春秋》記載，餘祭在位四年，餘眛在位十七年。但是，據《史記·吴太伯世家》及《十二諸侯年表》所記，皆謂餘祭在位十七年，餘眛在位四年，兩者互倒。而《十二諸侯年表》在“吴餘祭”四年欄又書“守門閽殺餘祭”六字[12]。因此，司馬貞的《史記索隱》力辯《左傳》爲是，認爲“《系（世）家》倒錯二王之年”。此説頗受學者贊同，我也一度從之。但是，從上述討論劍銘知道，餘眛受餘祭之命“伐麻”、“御荆”、“御越”的三次軍事行動分别是在昭公四年、昭公十二年、昭公五年，特别是昭公十二年的戰争是因楚國伐徐國而引起的。昭公十二年當餘祭十七年，據《史記·吴太伯世家》載：“十七年，王餘祭卒，弟餘眛立。王餘眛二年，楚公子棄疾弑其君靈王代立焉。”兩劍銘文與《左傳》、《史記》的記載可以互證。因此，餘眛受餘祭之命代爲吴王的年代衹能卡在昭公十二年楚伐徐的戰争之後。所以，《史記》記載餘祭在位十七年（公元前547～前531年）、餘眛在位四年（公元前530～前527年），完全準確。

附記：本文原發表於《出土文獻與古文字研究》第6輯（上海古籍出版社，2015年），欣聞吴王餘眛劍現爲蘇州博物館徵集入藏，特以此小文爲賀（原附圖版從略）。

注　釋

[1] 曹錦炎《吴王壽夢之子劍銘文考釋》，《文物》2005年第2期。

[2] 李家浩《攻敔王姑義䧿劍銘文及其所反映的歷史》，陳昭容主編《古文字與古代史》

第1輯，臺北“中央研究院”歷史語言研究所，2007年，第293～308頁。

[3] 曹錦炎《從青銅器銘文論吴國的國名》，《東南文化》1991年第6期。

[4] 曹錦炎《工尹坡盞銘文小考》，張光裕、黄德寬主編《古文字學論稿》，安徽大學出版社，2008年，第18～20頁。

[5] 可參見拙文《從青銅兵器銘文再論吴王名》所引相關拓本，李宗焜主編《古文字與古代史》第3輯，臺北“中央研究院”歷史語言研究所，2012年，第246～248頁。

[6] 同[1]；曹錦炎《從青銅兵器銘文再論吴王名》，李宗焜主編《古文字與古代史》第3輯，臺北“中央研究院”歷史語言研究所，2012年，第237～250頁。

[7] 同[1]。

[8] 中國社會科學院考古研究所《殷周金文集成》（修訂版）著録號00193～00202，中華書局，2007年。

[9] 李家浩《攻敔王者彶戲虜劍與者減鐘》，李宗焜主編《古文字與古代史》第3輯，臺北“中央研究院”歷史語言研究所，2012年，第224頁。

[10] 至於“者減”，與近年無錫博物院收藏的攻敔王者彶戲虜劍、私人所藏的攻敔王者彶虜劍銘的“者彶戲虜”或“者彶虜”，有可能是同一人。

[11] 可參見高明《古文字類編》、羅福頤《古璽文編》有關字條。

[12] 梁玉繩於《史記志疑》指出：《史記·十二諸侯年表》“守門閽殺餘祭”六字，蓋後人依《春秋》之文移入，《史表》原文必書於十七年。參梁玉繩《史記志疑》第1册，中華書局，1981年，第363頁。

新見吴王餘眛劍淺議

周　亞（上海博物館）

蘇州博物館新得吴王劍一件（以下簡稱蘇州劍），劍長57.5、劍格寬4.8厘米，作窄格、圓莖帶兩道箍，圓首的式樣，劍脊隆起，劍身近鋒處狹收。莖上有纏緱的痕迹。

以往所見吴越劍，基本形式有三種，一是無格扁莖劍，二是窄格圓莖圓首無箍劍，三是寬格圓莖圓首帶箍劍。這種窄格圓莖圓首帶箍劍，僅見於1973年江蘇六合縣和仁墓出土青銅劍中的一件。根據該墓出土陶器及青銅器的形制特點，并結合該墓出土有吴、楚文化特徵的器物，發掘報告判斷該墓應該是春秋晚期到戰國初期具有吴、楚文化特徵的墓葬[1]。其中出土的青銅兵器，多數具有吴越青銅兵器的特點，由此可見，在春秋晚期和戰國初期這種窄格圓莖圓首帶箍劍，也是吴越地區青銅劍的一種形制。

蘇州劍的劍脊兩側鑄有銘文兩行75字，其中重文一：

攻（工）𠭯（吴）王姑讎烏雗曰：余壽夢之子，余䲨𢦏邻之[illegible]（嗣）弟。䲨𢦏此邻命初伐郙（麻），敗郙（麻），獲眾多。命御𦊧（荆），𦊧（荆）奔，【右側】

王圍[illegible]（旟），既北既殃，不口敢𩊎。命御越，隹（雖）弗克，未敗𠭯（吴）邦。䲨𢦏邻命戈（我）爲王。擇𠦚（厥）吉金，自乍（作）元用劍。【左側】

攻（工）𩵦（吴）王姑讎烏雗曰：余壽夢之子，余䖒戗郐之□（嗣）弟

根據劍銘，此劍的器主爲吴王姑讎烏雗，是吴王壽夢的兒子，䖒戗郐的弟弟。“䖒戗郐”、“䖒戗此郐”或“虘戗此郐”即餘祭，陳萬千、曹錦炎、李家浩、董珊、吴鎮烽等先生論之甚詳[2]，此不贅述。姑讎烏雗，在1997年紹興市魯迅路出土的吴王劍（以下簡稱紹興劍）上作姑讎雗。由於該劍銹蝕較重，多個銘文爲銹所掩蓋，以致當時未能準確釋讀銘文，曹錦炎先生釋讀爲“姑發難”[3]，李家浩先生釋爲“姑義雄”[4]。第三字現在可知作“雗”。而所謂“發”或“義”，現在對比蘇州博物館新收劍銘，可以看到，紹興劍銘文中“姑”下一字的左邊未被銹掩的部分，作反嚮的“隹”字甚明確，應該也就是“讎”字。蘇州博物館的劍銘中，讎下一字作□形，字可識爲“烏”，或“於”。李家浩先生已正確指出“雄”（雗）與“眛”的聲韻關係，而此次新見的“烏”或“於”，則與“餘”古音極近，蘇州劍的“烏雗”顯然就是“餘眛”無疑了。“餘眛”稱“姑讎烏（餘）雗（眛）”，或省作“姑讎雗（眛）”，與“諸樊”稱“姑發者（諸）反（樊）”，或省作“姑發反（樊）”相類：

餘眛	姑讎烏（餘）雗（眛）【蘇州劍】	姑讎雗（眛）【紹興劍】
諸樊	姑發者（諸）反（樊）【新泰劍】[5]	姑發反（樊）【襄陽劍】[6]

至於“姑讎”如何解釋，“姑讎”與“姑發”是何關係，要仰仗出席會議的各位古文字學方面的專家學者了。

在劍銘中“姑讎烏雗”是吴王壽夢之子，餘祭之弟，且被餘祭任命爲嗣王，當即文獻所記載的吴王餘眛無疑。在紹興劍發表之後，已有學者如李家浩、董珊等撰文對紹興劍銘文重新作了釋讀，指出器主應該是壽夢之子，餘

祭之弟吴王餘眛，并根據紹興劍銘文中提及的吴伐巢及因徐攻楚諸戰事，在文獻中都記載在餘眛執政之世，指出該劍應鑄於餘眛執政且與楚戰事之後的這段時間内[7]。同樣由於紹興劍銘文的不清楚，以致他們的一些意見如今需要根據蘇州博物館的餘眛劍銘文予以修訂。

[illegible]字，金文首見，在此或可釋作嗣。從本劍銘文看，姑讎烏雃是叡皒此郐的弟弟，且被叡皒此郐任命爲嗣王。銘文中自稱“嗣弟”，當屬不謬。

叡皒此郐命初伐郴，敗郴，獲衆多

與紹興劍銘文中“初命伐郴，有獲”，當指同一件事。郴字從𣏟從邑，《説文》：“麻，與𣏟同”。《左傳・昭公四年》：“秋，七月，楚子以諸侯伐吴。……冬，吴伐楚，入棘、櫟、麻。”劍銘中“初伐郴，敗郴，獲衆多”，應即指此次戰役。雖然吴、楚此戰，吴攻打了楚地的棘、櫟、麻三地，但當時受吴王餘祭之命，餘眛率部參加的是其中攻打麻地之戰。

命御𦊧（荆），𦊧（荆）奔。

應該就是《左傳・昭公五年》所記載的：“冬，十月，楚子以諸侯及東夷伐吴，以報棘、櫟、麻之役。……聞吴師出，薳啓彊帥師從之，遽不設備，吴人敗諸鵲岸。”

紹興劍銘中“𦊧（荆）伐郐（徐），余窺（親）逆，攻之，敗三軍，獲車馬，支七邦君”則應該是指此後的另外一場吴楚之戰。《春秋・昭公十二年》：“楚子伐徐”，《傳》：“楚子狩於州來，次於潁尾，使蕩侯、潘子、司馬督、囂尹午、陵尹喜帥師圍徐，以懼吴”。《春秋・昭公十三年》：“吴滅州來”，《傳》：“楚師還自徐。吴人敗諸豫章，獲其五帥。”此役中，劍的主人姑讎烏雃（餘眛）應已爲吴王，故劍銘謂之：“余親逆，攻之”，這也正符合杜預《注》所謂：“州來，楚邑。用大師焉，曰滅”。至於劍銘所謂“敗三軍，獲車馬，支七邦君”，應該即指《左傳》中的“獲其五帥”一事，陸德明謂“五帥”即“蕩侯、潘子、司馬褩、囂尹午、陵尹喜五人”。董珊認爲：“《左傳》之‘獲五帥’可能即劍銘‘支七邦君’而少記其二。”[8]

王圍㵘，既北既殃，不口敢䩿，命御郕（越），䧸（雖）弗克，未敗盧（吴）邦。

王當指𠭯𢦏此郐，即吴王餘祭。

圍，《説文》：“守也。”圍，也有攻占的意思，《公羊傳·襄公十二年》：“伐而言圍者，取邑之辭也。”此處的“圍”應該有攻打或攻占的意思。

“㵘”，地名，根據餘祭是伐越地時被殺的記載，似應在越地。

“北”，即敗北，《國語·吴語》：“吴師大北”，韋昭《注》：“軍敗奔走曰北。”

“殃”，禍、害。《禮記·禮運》“衆以爲殃”，鄭玄《注》：“殃，猶禍惡也。”

“不口敢䩿”，因第二字殘缺，尚不確定，故暫缺釋。

䧸，疑應從虫而誤，讀爲雖。或可讀爲唯，唯亦可假爲雖，《荀子·性惡》：“然則唯禹不知仁義法正，不能仁義法正也。”楊倞注：“‘唯，讀爲‘雖’。”

這段銘文的意思應該是吴王餘祭攻伐越地的㵘，兵敗并且遇難，爲了防止越人乘勝追擊，吴王命令抵禦越人，此役雖然没有攻剋越地，但吴邦亦未受損。我覺得這段銘文可以結合《左傳·襄公二十九年》：“吴人伐越，獲俘焉，以爲閽，使守舟。吴子餘祭觀舟，閽以刀弑之”的記載來分析，吴王餘祭是伐越後被弑殺的，這是劍銘和文獻記載相同的地方，但劍銘可能記録的是事件的真實過程，《左傳》等文獻則可能是根據吴人爲掩飾餘祭兵敗被殺的事實而編造的情節所記載。

𠭯𢦏郐命戈（我）爲王

戈，疑是金文我字的筆誤，金文中我字作多齒狀帶柲兵器，形近似金文戈字，故《説文》謂我“從戈、從扌”。此外，從這句話的語境分析，戈字在這裏唯有作我字解，方纔合情合理。《史記·吴太伯世家》:“壽夢有子四人，……季札賢，而壽夢欲立之，季札讓不可，於是乃立長子諸樊，……諸樊卒。有命授弟餘祭，欲傳以次，必致國於季札而止，以稱先王壽夢之意，且嘉季札之義。兄弟皆欲致國，令以漸至焉。”這一方面説明劍銘中，餘眛受命於餘祭繼位吴王是有其歷史原因的，另一方面也由劍銘證實了文獻中的相關記載是可靠的和有史實依據的。

吴王餘眛劍的銘文中記録了先後三位吴王的名字，壽夢、餘祭和餘眛。除壽夢的金文名字與文獻記載相同，餘祭的金文名字也早已被學者們所釋讀，餘眛的金文名字則是首次明確、完整地出現（紹興劍銘中雖然已經出現，但當時因爲鏽蝕等原因未被準確釋讀)，爲研究吴王世系提供了確切的文物資料。

劍銘中還記録了三場戰爭，伐郙（麻)、禦荆、伐越禦越，在《春秋》經傳、《史記》等文獻中也有記載，這就以實物資料的形式印證了文獻記載的可靠性。特別需要關注的是，劍銘中明確記載餘眛是受餘祭之命去伐麻地的，伐麻之事見於《左傳·昭公四年》，按照《春秋》經傳的記載，餘祭在位四年，餘眛在位十七年，餘祭死於襄公二十九年，據此，昭公四年已是餘眛任吴王的第六年。而《史記·吴太伯世家》記載的是餘祭在位十七年，餘眛在位四年，（昭公四年、餘祭）“十年，楚靈王會諸侯而以伐吴之朱方，以誅齊慶封。吴亦攻楚，取三邑而去”。現在根據餘眛劍銘文，可以肯定，《史記》關於餘祭和餘眛的在位年數記載，顯然比《春秋》《左傳》要可信。

根據蘇州博物館餘眛劍的銘文内容分析，餘眛在銘文中還在强調自己的軍功及繼位的合法性，所以此劍應該鑄於餘眛即位不久。紹興劍的銘文中則記載了魯昭公十三年，即餘眛二年時，吴、楚之間一場因楚伐徐國而引發的戰爭，戰爭以餘眛親征，擊退楚軍，大勝獲俘而告結束。所以該劍應該鑄於餘眛二年或稍晚，時間上要略晚於蘇州博物館的餘眛劍。

蘇州博物館新徵集的這把吴王餘眛劍，不僅器形少見，而且銘文多達75

字，是現知青銅劍中銘文最多的一件，其銘文所記載的人物與歷史事件也多數可與文獻記載相對應，并且有些内容可以彌補并解決歷史、文獻學上長期有争議的問題，具有校經證史的作用，所以這是一件非常重要的青銅兵器。

附記：本文在寫作過程中得到部門同人，尤其是葛亮的諸多幫助，有些認識是在他們的意見中形成的，謹致謝忱！

2015 年 4 月 26 日初稿於寓所

2015 年 4 月 29 日修改於上海博物館

注 釋

［1］吴山菁《江蘇六合縣和仁東周墓》，《考古》1977 年第 5 期。

［2］陳千萬《湖北穀城縣出土"攻盧王叡钺此郐"劍》，《考古》2000 年第 4 期；曹錦炎《吴王壽夢之子劍銘文考釋》，《文物》2005 年第 2 期；李家浩《攻敔王姑義雒劍銘文及其所反映的歷史》，陳昭容主編《古文字與古代史》第 1 輯，臺北"中央研究院"歷史語言研究所，2007 年；董珊《吴越題銘研究》，科學出版社，2014 年，第 22 頁；吴鎮烽《記新發現的兩把吴王劍》，《江漢考古》2009 年第 3 期。

［3］曹錦炎《吴王壽夢之子劍銘文考釋》，《文物》2005 年第 2 期。

［4］李家浩《攻敔王姑義雒劍銘文及其所反映的歷史》，陳昭容主編《古文字與古代史》第 1 輯，臺北"中央研究院"歷史語言研究所，2007 年。

［5］任相宏、張慶法《吴王諸樊之子通劍及相關問題探討》，《中國歷史文物》2004 年第 5 期；張勇、畢玉梅《山東新泰出土吴王諸樊之子通劍》，《華夏考古》2013 年第 2 期。

［6］朱俊英、劉信芳《攻盧王姑發邸之子曹鲊劍銘文簡介》，《文物》1998 年第 6 期。

［7］同［4］；董珊《吴越題銘研究》，科學出版社，2014 年，第 20 頁。

［8］董珊《吴越題銘研究》，科學出版社，2014 年，第 22 頁。

新見吴王餘昧劍銘考證

董　珊（北京大學考古文博學院）

2014年底，蘇州博物館徵集入藏一柄吴王劍，長57.5公分，在一面劍脊的兩側鑄有銘文兩行74字（又重文1，見圖一）。曹錦炎先生和程義先生已撰文加以介紹[1]。據我的意見，劍銘可以釋讀如下：

圖一　蘇州博物館藏吴王餘昧劍銘文摹本（董珊摹）

攻盧（吴）王姑讎焉（夷）雖（昧）曰：余嚣（壽）夢之子，余戲皒鄱之孌（?）弟。戲皒此鄱命初伐郲（麻），敗郲（麻），隻（獲）眾多。命御嘼（荆），嘼（荆）奔，王圍乾，既北既殃，不我敢鞘（當）。

命御郕（越），雊（雖）[2]弗克，未敗盧（吴）邦。叡䛐䣃命弋（代）爲王，擇厃（厥）吉金，自乍（作）元用鐱。

銘文有韻：麻、多，歌部；殃、當、邦、王，陽部。

需要説明的是，吴王之名“餘眛”在傳世文獻中的寫法多有訛誤，大概衹有《公羊傳》的“夷眛”與《吴越春秋·吴王壽夢傳》的“餘眛”是正確的，詳見下文考證。本文提到這位吴王時，都統一寫做“餘眛”，但引用傳世文獻時，就各隨原文，不再另作説明。

一 銘文通讀

1.“攻盧（吴）王姑讎焉（夷）雖（眛）曰：余啚（壽）夢之子，余叡䛐䣃之嬖（?）弟。”

從該銘“焉”字寫法可知，“焉”跟“於”字形、字音皆近，都是“烏”的分化字，其像烏鴉口的右側筆畫脱落之後，作“人”形者爲“於”字；再改變筆勢，重新組合爲從“正”的那種字形，就是常見的“焉”字（見中山王大鼎、秦篆等）。小篆“焉”字從“下”，可視爲從“人”向“正”形體過渡的中間環節。

“焉”與“夷”相通假之例，見《周禮·秋官司寇》“行夫”職：“居於其國，則掌行人之勞辱事，焉使則介之”。鄭玄注：“故書曰夷使。鄭司農云：夷使，使於四夷，則行夫主爲之介。玄謂夷，發聲。”《經典釋文》：“焉，劉音夷。”

“雖”字也見於1997年紹興魯迅路出土的吴王餘眛劍銘（以下簡稱“魯迅路劍”）。2007年李家浩先生考證魯迅路劍銘時，根據魯迅路劍銘此字左上的“廿”形寫法，釋此字左側偏旁爲《説文·丫部》的“芇”，并且認爲“芇”是聲符[3]。今據蘇博劍銘看，該字的左上部分寫做“口”形，但無論

“口”還是“廿”，都難以與“芇”字所從的“丫”旁構成字形演變關係，因此釋該字左旁爲“芇”是不合適的。

我認爲該字從“隹”聲，此字或可能就是“雖”字。雖然“虫”旁與一般的寫法有異，但“雖”不從“虫”得聲，所以這一點對有關的討論影響不大。

雖，心母微部；未，明母物部。與“雖”字同諧聲的“婎”“睢”，“倠”，是曉母微部字；與“昧”字同諧“未”聲的“沬”、“䫉”，是明母物部字。明母字與曉母字常常可以諧聲或通假，微部與物部構成陰、入對轉，因此“雖”與“昧”音理可通。“沬”、“䫉”的異體字“湏”（《説文》“沬”之古文）、“靧（頮）”，是曉母微部字，與“婎”、“睢”，“倠”同聲同部，古音接近。

由此可見，“焉雖”可能就對應文獻中的“夷昧”。傳世文獻中“夷昧”之名的後一字，或寫做“末”（《左傳》昭公十五年《經》），或從“末”作“眛”（《史記·吴太伯世家》、《刺客列傳》）、“昧”（《十二諸侯年表》），或從“未”聲作“昧”（《公羊傳》襄公二十五年、昭公十五年，《説苑·至公》、《新序·節士》、《吴越春秋·吴王壽夢傳》）[4]。案：未、末古音不同，難以構成通假關係，應是傳抄造成的形訛，二者必有一誤。如果上述“焉雖”可通假爲“夷昧”的釋讀不誤，那麽傳世文獻中餘眛的名字本應做“夷（餘）昧（未）”，那些寫做“末”字或從“末”聲的“昧”、“眛”字都是傳抄誤字[5]。

1997年，紹興魯迅路出土一柄吴國有銘青銅劍（以下簡稱“魯迅路劍”），我和李家浩先生都認爲器主是餘眛。魯迅路劍銘器主名字寫做“攻敔（“敔”－“吴”）王姑讎雖”，讀爲“吴”之字，寫法與蘇博劍銘作“䱷”不同。衆所周知，吴國銘文中讀爲“吴”的字有多種寫法。此兩劍器主相同，屬於同一時期，但銘文出現兩種寫法的“吴”字，因此，就目前來看，這種用字習慣尚無斷代方面的意義。

"姑讎焉雖"，魯迅路劍銘作"姑讎雖"。簡省"焉"字的情况，可以參看吴王餘祭之名在劍銘中寫做"叡䥙此郐"，又簡省作"叡䥙郐"（以下若無特殊需要，"叡䥙郐"簡寫爲"虘句徐"）；吴王諸樊之名在劍銘中寫做"姑發者反"，又簡省作"姑發反"。若"姑讎焉雖"之後二字確實可以與傳世文獻的"夷（餘）眛（未）"的語音對應，則相同的情况，可參看吴劍銘"姑發者反"之後兩字即對應傳世文獻中的"諸樊"[6]。

"余壽夢之子，余叡䥙郐之嬖（?）弟"，所謂"嬖"字，原從尸、從〇、從皿、從女。我懷疑該字可釋讀爲"嬖"。《說文》："嬖，便嬖，愛也。"傳世文獻無"嬖弟"一詞，但"嬖"與"寵"詞義相近，文獻有"寵弟"一詞，《史記·楚世家》："康王寵弟公子圍、子比、子晳、棄疾。"《左傳》隱公元年："蔓草猶不可除，况君之寵弟乎?"此兩處"寵弟"皆指同母弟。

在魯迅路劍銘無"曰"字，無兩"余"字。且魯迅路劍銘之"□弟"兩字情况不明，有待研究。

以上是器主自述父兄名號。

2. "叡䥙此郐命初伐郙（麻），敗郙（麻），隻（獲）眾多。"

"命初伐麻"，虘句徐命姑讎焉雖第一次征伐麻。"敗麻"，吴打敗麻。"獲眾多"，《左傳》定公九年："凡獲器用曰得，得用焉曰獲。"《周禮·夏官司馬》"司勛"職："戰功曰多。""獲眾多"是說獲得很多俘虜和戰利品。

3. "命御荆，荆奔，王圍乾，既北既殃，不我敢鞝（當）。"

"荆奔"，"奔"，《論語·雍也》："奔而殿"，朱熹《集注》："奔，軍敗走。"

"王圍乾"，"王"應指當時的吴王餘祭（虘句徐），"圍"下一字應爲地名，程義先生釋爲"旟"，但該字并不從"昜"。我認爲該字從"倝"聲，或可釋爲"乾"，可能與楚東境常作爲吴楚戰場的地點"乾谿"有關[7]。

"既北既殃"，"北"可訓爲"軍奔"，"北"、"奔"互訓，且有異文。

《穀梁傳》隱公五年：“戰不逐奔”，在《穀梁傳》隱公十年：“不正其乘敗人而深爲利”的范甯注，引作“戰不逐北”。此銘“既北”指荆軍已敗走，與前“荆奔”相照應。“殃”可訓爲“敗”，亦可訓爲“咎”、“禍”（《故訓匯纂》第1188頁），“既殃”或指前述“王圍乾”之事。

“不我敢䙤”，“不”下之字因鏽覆看不清，據X光照片，是“我”字。“䙤”字似是衣裳之“裳”的異體字，從“尚”聲可讀爲“當”。“不我敢當”是“不敢當我”的賓語前置形式，指荆軍不敢當吴軍。“當”的意思是“敵”、“對”、“值”、“嚮”、“承”，均爲常訓（《故訓匯纂》第1492頁）。“不我+情態動詞+行爲動詞”是上古漢語比較固定的結構，例如《易・鼎》九二爻辭：“我仇有疾，不我能即。”《詩・召南・汝墳》：“既見君子，不我遐棄。”《詩・小雅・黄鳥》：“此邦之人，不我肯穀。”《詩・邶風・谷風》：“不我能慉。”

此句謂䖒句徐命姑讎焉雖抵禦楚國的進攻，戰果是荆人敗北，吴王餘祭圍乾，荆人因爲敗北和殃咎，不敢敵對吴人。

4.“命御邚（越），䧳（雖）弗克，未敗𠪚（吴）邦。”

句義是䖒句徐命姑讎焉雖抵禦越國，吴雖然没有剋越，但越也没有打敗吴邦。

5.“䖒钺鄱命弋（代）爲王，擇𠂤（厥）吉金自乍（作）元用鐱。”

句義是吴王䖒句徐命姑讎焉雖代自己爲吴王，所以器主選擇吉金製作了這柄劍。餘祭命餘昧代爲吴王事，見《左傳》襄公三十一年狐庸對趙文子語：“是二王之命也，非啓季子也。”“二王之命”即是説諸樊命餘祭爲王、餘祭命餘昧爲王這兩件事。

二 年代與事件

劍銘先自叙器主名和父、兄之名，又順次記叙䖒句徐四次頒命姑讎焉雖：

先記命姑發冐雖伐麻、禦楚、禦越三件事，最後記虘句徐命姑讎焉雖代自己爲吴王事，因此伐麻、禦楚、禦越三事都應發生在虘句徐之世。

要正確理解劍銘，先要瞭解幾個定點。

1. 壽夢四子中的諸樊（謁）、餘祭、餘昧（夷昧）三人兄終弟及。

《公羊傳》襄公二十九年曰："謁也，餘祭也，夷昧也，與季子同母者四人。季子弱而才，兄弟皆愛之，同欲以爲君。……弟兄迭爲君，而致國乎季子。……故謁也死，餘祭也立；餘祭也死，夷昧也立；夷昧也死，則國宜之季子者也。季子使而亡焉。"此事在傳世文獻中的記載都一致，無異説。

2. 此劍銘文中所見"虘句徐"或"虘句此徐"即吴王餘祭。"攻吴王虘句此徐"已見於三件吴國兵器銘文，學者已經指出"虘句此徐"對應《左傳》襄公二十八年所記的吴王餘祭的另一名"句餘"[8]。有關考證，可參看拙著《吴越題銘研究》[9]。

3. 蘇博劍器主是吴王餘昧。

器主名"姑讎焉雖"與魯迅路劍器主"姑讎雖"是同一人。如果我們相信傳世文獻所記壽夢之子諸樊、餘祭、餘昧三人兄終弟及之事，則根據器主的自報家門，器主一定是餘昧，捨此則絶無他解。

這個定點依賴前述的1、2兩點，但跟我們對"姑讎焉雖"的語言文字解釋并無關係。以此爲定點，無論將劍主的名字釋爲什麽，都改變不了劍主就是餘昧的事實。學者設法從語音和字形方面將劍銘所見"姑讎焉雖"跟傳世文獻中吴王餘昧的名字相牽合，衹是一種解釋而已。

4. 吴王餘祭在位時間共計四年。

《左傳》襄公三十一年記屈狐庸對趙文子語："巢隕諸樊，閽戕戴吴"，"巢隕諸樊"事在《春秋》襄公二十五年："十有二月，吴子遏伐楚，門於巢，卒。"此事亦見同年《左傳》，吴子遏即諸樊。"閽戕戴吴"事在《春秋》襄公二十九年："閽弑吴子餘祭。"此事亦見同年《左傳》："吴人伐越，獲俘焉，以爲閽，使守舟，吴子餘祭觀舟，閽以刀弑之。”戴吴即吴王餘祭。據此，餘祭在位共計四年（公元前547～前544年，相當於魯襄公二十六年至二十九年）。《史記·十二諸侯年表》與此同。

但《史記·吴太伯世家》記載：“十七年，王餘祭卒。”《吴越春秋·吴王壽夢傳》記載：“十七年，餘祭卒。餘眜立四年卒。”與《春秋》相異。又《左傳》襄公二十八年：“齊慶封奔吴，句餘與之朱方。”杜預注：“句餘，吴子夷末也。”案：杜預此注之誤，早已經《史記索隱》指出。《吴太伯世家》：“壽夢有子四人，長曰諸樊，次曰餘祭，次曰餘眜。”《史記索隱》：

> 《左傳》曰“閽戕戴吴”，杜預曰“戴吴，餘祭也”。又襄二十八年《左傳》，齊慶封奔吴，句餘與之朱方，杜預曰“句餘，吴子夷末也”。計餘祭以襄二十九年卒，則二十八年賜慶封邑，不得是夷末。且句餘、餘祭或謂是一人，夷末惟《史記》、《公羊》作“餘眜”，《左氏》及《穀梁》并爲“餘祭”。夷末、句餘音字各異，不得爲一，或杜氏誤耳。

又《吴太伯世家》：“（餘祭）七年，楚公子圍弑其王郟敖而代立，是爲靈王。”《索隱》：

> 《春秋經》襄二十五年，吴子遏卒；二十九年，閽殺吴子餘祭；昭十五年，吴子夷末卒。是餘祭在位四年，餘眜在位十七年。《系（世）家》倒錯二王之年，此七年正是餘眜之三年。

清人梁玉繩《史記志疑》也説：“餘祭四年，夷末十七年，《史記》誤倒。”日本學者中井積德《史記考證》：“王觀國曰：《春秋》襄二十九年，閽殺吴子餘祭，是餘祭嗣位四年被弑也，《左氏》《公羊》《穀梁》《史記·十二諸侯年表》皆同。唯其《世家》稱十七年餘祭卒。”之後也援引梁玉繩説，指出了《史記·吴太伯世家》之誤。《史記》中年代之誤比比皆是，兩説并存之事也不少見。《史記索隱》以及清末學者、當代學者對傳世文獻中餘祭、餘眜年代和名字的訂正，是正確無誤的。

在餘祭在位的短短四年之内，傳世文獻記載吴國戰事衹有以下三次：

1. 襄公二十五年《春秋》："十有二月，吴子遏伐楚，門於巢，卒。"《左傳》："十二月，吴子諸樊伐楚，以報舟師之役。門於巢。巢牛臣曰：'吴王勇而輕，若啓之，將親門。我獲射之，必殪。是君也死，疆其少安。'從之。吴子門焉，牛臣隱於短墻以射之，卒。"

2. 襄公二十六年《左傳》："楚子、秦人侵吴，及雩婁，聞吴有備而還。遂侵鄭。五月，至於城麇。鄭皇頡戍之，出，與楚師戰，敗。穿封戌囚皇頡，公子圍與之争之，正於伯州犁。"之後就是所謂"上下其手"的著名故事。

3. 襄公二十九年《春秋》："閽弑吴子餘祭。"《左傳》："吴人伐越，獲俘焉，以爲閽，使守舟。吴子餘祭觀舟，閽以刀弑之。"

根據上述材料來看，蘇博劍銘所記"伐麻"之事不見文獻記載。"御楚"之事，是否就是襄公二十六年"楚子、秦人侵吴，及雩婁，聞吴有備而還"，仍有待更多證據。"御越"一事，似可以與《左傳》襄公二十九年"吴人伐越"之事相對看，吴伐越事亦見馬王堆帛書《春秋事語》"吴伐越"章[10]。但傳世文獻記載的是"伐越"，與劍銘"御越"的表述不同，也很難説是同一件事。

三　與魯迅路劍銘的關係

1997 年在紹興魯迅路出土的另一柄餘昧劍，銘文如下[11]（圖二）：

攻敔（吴）王姑讎雖，䰜（壽）夢之子，𫜩䣄之□弟。初命伐□，［又（有）］隻（獲）。荆（荆）伐郐（徐），余新（寴－親）逆攻之，敗三軍，隻（獲）□□，攴（縛）七邦君。

魯迅路劍記載了“伐□”與“攻楚”兩件事，下面分别來説。

1.“初命伐□”之事。

“□”字形不清晰，與蘇博劍銘讀爲“麻”之字在字形上有幾分相似，但從魯迅路劍銘照片看，“□”字形無左竪筆，難以視爲“麻”字。

“初命伐□”的表述方式，是説器主初次受命伐□，這如果與蘇博劍銘“䖒句徐命初伐麻”、“命御楚”、“命御越”的表述方式相似，就都説明此時吴王餘眜尚未即位，所以纔從當時的吴王那裏受命去征伐或禦敵。“初命”，是首次命某人。蘇博劍銘的“初伐”，是首次伐某地，二者意思不同。傳世文獻記載吴伐麻之事，最早見於《左傳》魯昭公四年：“冬，吴伐楚，入棘、櫟、麻，以報朱方之役。”此年即餘眜六年。因此，即便將魯迅路劍銘該字釋爲“麻”，也不會是指魯昭公四年（公元前538年，吴王餘眜六年）的那一次吴楚戰役。

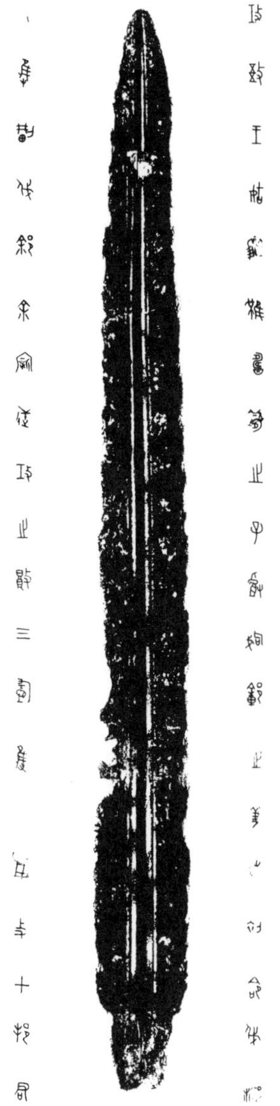

圖二　紹興魯迅路出土吴王餘眜劍銘文摹本（董珊摹，選自《吴越題銘研究》圖14）

李家浩先生曾釋此“□”字從“艸”從“邑”，我曾將該字釋爲從“操”從“邑”，但李家浩先生和我都將該字讀爲“巢”[12]。現在看來，此字既然殘渺難辨，不好與蘇博劍銘之“麻”字牽合，猜測無益，不妨存疑。

2. 荆伐徐、吴攻楚之事。

銘文講“余親逆攻之”之“親”字，意思是“親自”，例如《左傳》襄公二十五年記載，吴王諸樊圍巢時，“將親門”，即本可以命他人代爲而親力親爲的意思。西周金文中也有不少這種用法的“親”字，不煩舉例。這種表述，説明器主這次逆攻楚是自主行動，并非受命出征，也表明吴王餘眛已即位。這與前文“初命伐□”是不同的。而蘇博藏餘眛劍銘所述事件都發生在吴王餘祭之世，所以也不能跟魯迅路劍銘記載戰事混爲一談。

魯迅路劍銘記載的荆伐徐、吴攻楚之事，李家浩先生認爲即《春秋》魯昭公四年（相當於吴王餘眛六年末至七年初）“秋七月，楚子以諸侯伐吴”，此戰役即同年《左傳》所稱的“朱方之役”，楚靈王“使屈申圍朱方，八月甲申克之，執齊慶封而盡滅其族”。我則認爲事見《左傳》昭公十二年至十三年（相當於吴王餘眛十四年至十五年）。李家浩先生和我的考證雖有不同，但都將該事置於吴王餘眛之世。

綜合來看，蘇博劍記載“命初伐麻”、“命御楚”、“命御越”、“命代爲王”四事，其事件年代都在餘祭在位時；魯迅路劍記載“初命伐□”發生在餘祭之世，“親逆攻楚”則在餘眛即位之後。所以這兩柄餘眛劍銘所記史事并無重合。

結　論

蘇博劍與魯迅路劍的器主都是吴王餘眛，但其名號“姑讎［焉］雖”不能與傳世文獻很好地對應，尚待研究。兩劍銘所記五次戰事，四次在吴王餘祭時，一次在吴王餘眛時，其中“命初伐麻”、“初命伐□”兩次皆不見於傳世文獻記載，其餘三次雖似有史影，亦多所不同，不能强行牽合。

裘錫圭先生提出，在中國古典學重建中，要注意文本復原過程中不恰當的"趨同"與"立異"兩種傾嚮，"前者主要指將簡帛古書和傳世古書中意義本不相同之處説成相同，後者主要指將簡帛古書和傳世古書中批次對應、意義相同或很相近的字説成意義不同"[13]。無論趨同或立異的傾嚮，都需要我們有足够的警惕。我認爲，蘇博劍銘、魯迅路劍銘與傳世古書三者的關係，是不應趨同的顯著例子。如果不清楚地瞭解古代學者對於吴王餘祭、餘眛的名字和年代的考訂，就有可能誤解劍銘，并且進而質疑或者篡改《春秋》與《左傳》的記載。

吴王餘眛的兩種劍銘，都是將戰功銘載於劍上。這種稱伐計功的器物，即《周禮·春官宗伯·序官》"典庸器"的"庸器"，鄭玄注："庸，功也。鄭司農云：庸器，有功者鑄器銘其功。《春秋傳》曰：以所得於齊之兵，作林鐘而銘魯功焉。"其引文見《左傳》襄公十九年。又《左傳》僖公二十五年："二禮從國子巡城，掖以赴外，殺之。……禮至爲銘曰：余掖殺國子，莫余敢止。"也是銘功於器。

吴越銘文常記録器主的戰功。例如越王州句劍銘説："唯余土委邗。"越奇字鐘銘："唯余盡摡吴土。"吴冉鉦鋮銘："余以伐郘，余以伐□（徐）。"越戎桓鐘銘："戎趄（桓）搏武，敷内（入）吴疆。"[14]不過像吴王餘眛這樣自占功勞而鑄爲劍銘的情況，仍屬罕見。當時也許是將劍當做一種禮器，將劍銘當作一種特殊的功勞簿記，以戰功昭示繼承王位的合法性。餘眛在位十七年，戰事頻仍，或許今後還會發現類似的器物。

2015 年 4 月 27 日初稿

2015 年 7 月 12 日改定

注 釋

[1] 曹錦炎《新見攻盧王姑發皮難劍銘文及其相關問題》，復旦大學出土文獻與古文字研究中心編《出土文獻與古文字研究》第 6 輯，上海古籍出版社，2015 年，第 143 ~

151 頁；程義、張軍政《蘇州博物館新入藏吴王餘眜劍初探》，《文物》2015 年第 9 期。

[2] 此字見晉公盞銘文（《集成》10342），一般隸定爲“惟”，李學勤先生隸定作“雌”，讀爲虛詞“唯”。參看《晉公盞的幾個問題》，《出土文獻研究》，文物出版社，1985 年，第 134～137 頁。根據李學勤先生對此字的隸定，可隸定蘇州博物館藏餘眜劍銘中的“雖”字。

[3] 李家浩《攻敔王姑義雒劍銘文及其反映的歷史》，陳昭容主編《古文字與古代史》第 1 輯，臺北“中央研究院”歷史語言研究所，2007 年，第 302 頁。

[4] 同［3］，第 300～301 頁。

[5] 同［3］，第 293～308 頁。李家浩先生的意見與本文相反，認爲從“未”的是誤字，從“末”的“眛”是正字。

[6] 古人名、字連稱時，都是先字後名，吴劍銘的“姑讎”、“姑發”或有可能都是“字”。

[7] 關於古文字中的從“𠃬”聲的字，我在《韓伯豐方鼎初論》（東亞研究型大學協會“源遠流長——漢字國際學術研討會暨 AEARU 第三届漢字文化研討會”，北京大學，2015 年 4 月 11～12 日）中曾有討論，後來劉洪濤先生來函告訴我，他的未刊稿《釋古文字中的幾個從“𠃬”及相關之字》和謝明文的《釋西周金文中的“垣”字》（中國文字學會第七届學術年會論文，2013 年 9 月 21～22 日，吉林大學，正式發表於《中國文字學報》第 6 輯，商務印書館，2015 年）都討論過相關之字。

[8]《左傳》襄公二十八年：“齊慶封奔吴，句餘與之朱方。”杜預注：“句餘，吴子夷末也。”服虔以爲是餘祭。案：杜預此注誤，服虔不誤。可參楊伯峻《春秋左傳注》第 1149 頁（中華書局，1990 年第 2 版），又請參看本文下引《史記索隱》。

[9] 董珊《吴越題銘研究》，科學出版社，2014 年，第 12～13 頁。

[10] 裘錫圭主編《長沙馬王堆漢墓簡帛集成》第 3 册，中華書局，2014 年，第 193 頁。

[11] 曹錦炎《吴王壽夢之子劍銘文考釋》，《文物》2005 年第 2 期，收入曹錦炎《吴越歷史與考古論集》，文物出版社，2007 年，第 14～26 頁。該文最初發表時有筆誤：“該劍器主爲餘昧，一經確認，鑄器年代便大致可以確定。”（第 71 頁）收入文集時已改正爲：“器主爲餘祭已經明確，鑄器年代大致可以確定。”（第 22 頁）參看

曹錦炎《工吴王叡夠工吴劍銘文考釋》，“鳳鳴岐山——周文化國際研討會（陝西岐山）”論文，2009 年 4 月 8 ~ 11 日，後正式發表於西泠印社編《西泠印社“重振金石學”國際學術研討會論文集》，西泠印社出版社，2010 年，第 121 ~ 124 頁。曹錦炎《從青銅兵器銘文再論吴王名》，收入李宗焜主編《古文字與古代史》第 3 輯，臺北“中央研究院”歷史語言研究所，2012 年，第 237 ~ 250 頁。至前引曹錦炎先生最新撰寫的《新見攻盧王姑發皮難劍銘文及其相關問題》改變了觀點，轉而同意李家浩先生《攻敔王姑義雒劍銘文及其反映的歷史》認爲器主是吴王餘眛的看法。

［12］董珊《讀吴王壽夢之子劍銘的補充意見和推測》，復旦大學出土文獻與古文字研究中心網，2008 年 1 月 20 日。又參看拙著《吴越題銘研究》，科學出版社，2014 年，第 20 ~ 22 頁。

［13］裘錫圭《中國古典學重建中應該注意的問題》，《北京大學中國古文獻研究中心集刊（二）》，收入《中國出土古文獻十講》，復旦大學出版社，2004 年，第 8 頁。

［14］以上四例請參看拙著《吴越題銘研究》，科學出版社，2014 年，第 57 ~ 59、87、81 ~ 82、84 頁。

（此文原載於《故宫博物院院刊》2015 年第 5 期）

試釋蘇州博物館的吴王餘眛劍

——兼論魯迅路壽夢之子劍

吴鎮烽（陝西省考古研究院）

2014年底蘇州博物館入藏了一把吴國青銅劍（以下簡稱“蘇博吴劍”），劍身鑄有長篇銘文，是目前所見青銅劍中銘文最長者。器主自名爲攻敔王姑讎於雒，并明確記載他是壽夢之子、䱷䣴此邻之嗣弟，同時還記載了吴國伐麻、抵禦楚國和越國的幾次戰爭。不僅解决了長久糾纏不清的餘祭、餘眛關係，補苴春秋時期的歷史，同時也解决了浙江紹興市魯迅路出土的吴王壽夢之子劍（以下簡稱魯迅路吴劍）銘文中的許多疑難問題。下面就這些問題提出自己一些不成熟的意見，請方家指正。

一　蘇博吴劍銘文試釋

該劍銘文共75字。銘文是：

攻𪒠（吴）王姑讎於雒曰：余𠷎（壽）夢之子，余䱷䣴邻（邻）之𤔲（嗣）弟。䱷䣴此邻（邻）命初伐𨙸（麻），𣪘（敗）𨙸（麻），隻（獲）眾多，命御（禦）𠛱（荆），𠛱（荆）奔，王圍𣄰（陽），既北既殃，不争（?）𢽼（敢）𩍐。命御（禦）邚（越），隹（唯）弗克，未𣪘（敗）𪒠（吴）邦。䱷䣴邻（邻）命戈（我）爲王。睪（擇）氒（厥）

吉金，自乍（作）元用鐱（劍）。

攻盧（吴）王姑讎於䧿

“攻盧”，吴國國名，文獻作吴或句吴；金文中因時代不同，有作工盧、工䱷、攻盧、攻䱷、攻五、攻敔、攻敔、攻吾、攻䣞、攻敔、攻敔、䧿䱷、句敔、敔、吴等。吴、五、吾以及從五、吾的敔、敔、敔、敔，從魚的盧、䱷等字，古音相同，係通假字；句吴是中原人記吴音。關於吴國國名的歷史演變曹錦炎先生有專文研究[1]，可供參考。

“姑讎於䧿”，器主，吴王之名，自稱爲壽夢之子，䱷䣤邻之弟。“姑讎”，在攻吴王姑發者坂戈、攻吴王姑發者反之子通劍、曹䱷眾尋員劍、攻吴王姑發䣞反之弟劍、攻吴太子姑發䣞反劍等銘文中均作“姑發”。“發”、“讎”古音相近可通。曹錦炎先生説得很對，這是吴國王室的氏稱[2]。氏稱來源於地名，是吴國王族來到蘇南後的居地名。

器主私名的第一字或以爲與吴季子之子逞劍和虡公白劍的“元”字相近，有鳥形裝飾，故釋元或亓，其實不確。該字應是“烏”字。《説文・烏部》：“烏，孝鳥也，象形。”“烏”與“隹”均爲鳥形，二者之别在於“烏”字上部開口，此字正像其形。“烏”、“於”本爲一字，越王者旨於睗劍等春秋金文多爲“烏”字之省形，故隸定作“於”。“烏”、“於”古音屬魚部影紐，“餘”屬魚部喻紐，兩字聲母相同，影紐和喻三（歸匣）同屬喉音，故可相通。如《易・繫辭》：“而察於民之故。”《集解》：“於作與。”“與”就是一個魚部喻紐字，可證“烏”、“於”與“餘”通假没有問題。“䧿”字，不見傳世字書。該字從芇從隹，與惟、維、帷、推、堆等字一樣，是從“隹”聲。“隹”屬微部照紐，而“味”爲物部明紐，眜爲月部明紐。微物陰入對轉，月物又屬旁轉關係，照明準雙聲，故䧿、味、眜可相通假。前面已經説過，“姑讎”是其氏稱，因此，姑讎於䧿就是餘眜。這也與劍銘及文獻記載的他與壽夢、餘祭之間的輩分、行第以及繼承王位的順序相吻合。

余叡钺郐（斜）之𡠄（嗣）弟

“𡠄弟”的“𡠄”字，右從女，左旁上從尸，尸亦聲，下部所從似爲嗣字的左邊，如若不誤，可能就是“始”字的異構，在此可讀爲“嗣”。“嗣弟”猶如“嗣子”。“嗣子”意即繼承君位的兒子；“嗣弟”就是繼承君位的弟弟。全句是説：我是餘祭的繼承人。

叡钺此郐（斜）命初伐𨚍（麻），敱（敗）𨚍（麻）

“叡钺此郐（斜）”，見於1988年湖北穀城縣城關鎮過山皮家窪出土的攻吴王叡钺此斜劍。“叡钺此郐”即“叡钺此余”，亦即“句斜”、“句余”，《左傳・襄公二十八年》作“句餘”。古吴越語具有多音節的習俗，“叡钺此斜”在文獻記載中作“句餘”是中原人記吴人名。服虔在《春秋左傳正義》中以“句餘”爲“餘祭”，吴王壽夢第二子；《左傳・襄公二十八年》杜預注曰“句餘，吴子夷末也”，以爲是壽夢第三子（亦作餘昧）。今從蘇博劍銘可證杜預之説殊誤。根據《春秋左傳》記載句餘（餘祭）在位四年，自魯襄公二十六至二十九年（公元前547～前544年），而《史記・吴太伯世家》錯記爲十七年（魯襄公二十六年到魯昭公十一年，即公元前547～531年），把餘昧在位十七年錯記爲四年，使兩位吴王的在位年數顛倒。

“𨚍”字即“𣏟”字，作爲地名或國名故加邑旁。《説文・𣏟部》：“𣏟，葩（葩）之總名也。𣏟爲之言微也。微纖爲功。象形。”《廣韻・卦韻》：“𣏟，麻紵。”段玉裁《説文解字注・𣏟部》：“𣏟，治葩枲之總名。下文云‘人所治也’，可證。”“𣏟”通“麻”。《説文・𣏟部》：“麻，與𣏟同。人所治，在屋下。從广從𣏟。”徐鍇繫傳：“麻，枲也。人所治，在屋下。”麻從𣏟聲，故𣏟、𨚍、麻相通。《郭店楚簡・六德》：“疏衰齊戊𣏟實”即“疏衰齊牡麻絰”，讀𣏟爲麻。

“伐麻”，即征伐麻國。或以爲是《史記・吴太伯世家》所載的“吴亦攻楚，取三邑（棘、櫟、麻）而去”之役。我認爲非也。其一，劍銘稱“伐麻，敗麻”。“伐”之義爲征討、討伐，用於對敵國或背叛者的武力行動，如：《孟子·梁惠王下》：“湯放桀，武王伐紂。”三國魏曹植《王仲宣誄》：“公高建業，佐武伐商。”在戰争中，對於一個城邑的軍事行動一般用“攻”或“取”之類的詞語，而不用“伐”。如《春秋·隱公十年》：“公敗宋師於菅。”“敗麻”即打敗麻國。其二，劍銘稱“䖒䣄此䣄（餘祭）命初伐𨞄（麻），敗𨞄（麻）”，而昭公四年（公元前538 年）吴伐楚，取三邑，時值餘眛六年，餘祭早已作古，怎麽還能命令餘眛去伐麻呢？竊以爲餘祭在位時期的“麻”可能是一個未見經傳的小國，是楚國的附庸，所以最先受到吴國的討伐。從劍銘的“敗麻”可知，吴國這次衹是打敗麻，給麻一個懲罰，并没有占領麻，其後麻國可能就被楚國吞并，設置了縣邑，到了魯昭公四年（公前538 年）吴伐楚時便和棘、櫟一起被吴國占領了。

麻的故地在今何處？《史記集解》説：“駰案《左傳》曰：吴伐楚，入棘、櫟、麻，以報朱方之役。”《索隱》杜預注：“彼云皆楚東鄙邑也。譙周云：酇縣東北有棘亭，汝陰新蔡縣東北有櫟亭，按解者以麻即襄城縣故麻城是也。”而李夢生的《左傳譯注》則説：“麻，在今安徽碭山縣東北。”[3]不知何據。麻邑若在今安徽碭山縣東北，此地鄰近宋國國都商丘，與楚、吴相隔有陳、許、蔡、徐、淮夷等比較大的國家，另外還有申、息、黄、蔣、沈、蓼、弦等這些淮河沿岸的小國，這個時候恐怕碭山一帶還不是楚國的領土，吴國軍隊遠征此地對於楚國構不成大的威脅，也非容易之事。《史記索隱》引杜預注所説的襄城縣（今河南襄城縣）故麻城也不可能，此時此地當是許國的領土，就是到了戰國時期楚國的疆域也没有到達這裏。陳明遠、汪宗虎主編的《中國姓氏辭典》説，麻“據《姓考》所載，春秋時有楚國大夫食邑於麻邑（今湖北麻城縣），以邑名麻爲氏”。此説也不知何據。據史載湖北麻城縣（今麻城市）西漢時是西陵縣地，南朝梁置信安縣，隋改名麻城，城爲後趙將麻秋所築，故名。看來該縣稱麻城與楚國麻邑無關。以上諸説都不可靠，我以爲麻國、麻邑故址應在今湖北省東部或河南東南部、安徽西南部某地。

命御（禦）刱（荆），刱（荆）奔，王圍𣃔（陽）

“刱”，型字别體，在此讀爲荆，即楚國。“御”，本義爲駕馭車馬。在此讀爲禦，抵禦、抵抗。“王圍𣃔（陽）”的“王”指吴王餘祭。“𣃔”，即陽，楚國地名。宋玉賦：“惑陽城，迷下蔡。”注：“陽城、下蔡二縣名，蓋楚之貴介公子所封。”曾侯乙墓遣册有陽城君。此陽應即陽城，故址在今何處，待考。全句是説餘祭命令我抵禦楚軍的進犯，楚軍敗逃；於是餘祭親自帶兵圍攻陽城。

既北既殃，不争（?）叡（敢）𩋇。

“既”，本義是指食盡，也就是日全食或月全食。所以也就有窮盡、終盡、終了等義。用作副詞當全、都講。如《左傳・僖公二十二年》：“彼衆我寡，及其未既濟也，請擊之。”《穀梁傳・襄公六年》：“家有既亡，國有既滅。”

“不争（?）叡（敢）𩋇”，第二字是否是“争”不敢卒定。“𩋇”，同鞝，蓋在馬鞍上的皮子，即鞍披。《玉篇・革部》：“鞝，扇安皮。”《篇海類編・革部》：“鞝，扇馬鞍皮。”又，把皮子縫補在鞋頭或鞋底也叫作鞝，俗稱給鞋打鞝子。《字彙・革部》：“鞝，縫皮。”《篇海類編・革部》也説：“鞝，縫皮也。”“敢”，在此作不敢、豈敢講。《書・盤庚上》：“予敢動用非罰?”《左傳・昭公二年》：“寡君命下臣來繼舊好，好合使成，臣之禄也。敢辱大館?”杜預注：“敢，不敢。”“敢鞝”是説不敢顧及馬的鞍韉。全句的意思可能是：全軍敗退，遭到灾難，丢盔撩甲，連馬鞍都不敢顧及。

命御（禦）郕（越），隹（唯）弗克，未敗（敗）䱷（吴）邦。

“郕”，文獻多作“越”，金文中一般寫做“郕”或“戉”，指越國。春秋時期越國也是南方大國，世與吴國爲仇。從劍銘可知此次又是越國率先進犯吴國，餘眛奉吴王餘祭之命抵禦越軍。“銽”字從午從隹，見於晉公盞和晉公盤，楊樹達、郭沫若、唐蘭、馬承源諸先生均讀爲午，認爲是晉定公之名午，實則誤也。張政烺先生在批注《兩周金文辭大系圖録考釋》第160頁中將此字讀爲惟（與唯通）[4]，句首虚詞，無義。“弗”，古文獻和金文用作否定詞，相當於“不”。《書・堯典》：“九載績用弗成。”《莊子・秋水》：“至德者，火弗能熱，水弗能溺，寒暑弗能害，禽獸弗能賊。” 《大簋》：“余弗敢𢿚（婪）”。“克”，戰勝，攻取。《易・既濟》：“高宗伐鬼方，三年克之。”《吕氏春秋・愛士》：“〔繆公〕遂大克晉，反獲惠公以歸。”高誘注：“克，勝也。”全句是説：又命令我抵禦越國的進攻，雖然没能打敗越國，但我國也没有被越國打敗。

覰戕鄒（郐）命戈（我）爲王

“戈”，讀爲我。戈、我均爲兵器；“戈”的上古音屬見紐歌部；“我”字屬疑紐歌部，兩字聲紐同屬牙音，韻則疊韻，故可通假。“戈”字之後的字程義定爲“爲”字不誤。“覰戕郐命我爲王”，應該是記述餘祭臨終時的囑托，傳大位於餘眛。

劍銘大意是：攻吴王姑讎於䧹説：我是壽夢的兒子，覰戕此郐的王位繼承人。覰戕此郐曾命我征伐麻國，我打敗了麻，俘獲了衆多的敵人；又命我抵禦楚國的進攻，楚軍敗退，於是王（覰戕此郐）便圍攻楚國的陽城，楚軍敗北，潰不成軍。後來命令我抵禦越軍的進犯，我雖然没能剋敵制勝，但我國也没有遭受損失。覰戕郐臨終囑托我繼承王位。於是我選擇了上好青銅，鑄造了永久使用的寶劍。

該劍的鑄造年代，從劍銘自稱“吴王姑讎於䧹”可知鑄劍時餘眛已經繼位，伐麻、禦楚、禦越幾次征戰，都是追述當年還是嗣弟時，曾奉餘祭之命進行的幾次戰爭。從劍銘未提及餘眛八年（魯昭公六年，公元前536年）楚將薳泄伐徐，吴軍在房鐘大敗楚軍，俘獲宫厩尹棄之戰和餘眛十五年（魯昭公十三年，公元前 529 年）楚師從徐國返回，吴軍在豫章將其打敗，并俘獲楚軍五名將帥的輝煌戰績。可以判斷，此劍鑄造於餘眛元年到八年（公元前 536 ~ 前 529 年）之間。再結合劍銘的䖒䱵郐命我爲王”分析，該劍極有可能是餘眛即位的元年，即公元前 536 年鑄造的。

二 魯迅路吴劍補釋

蘇博吴劍的發現填補和糾正了紹興魯迅路壽夢之子劍的缺釋和誤釋之字，使該劍器主名稱明確，史事清晰，鑄造年代可以確定，史料價值提高。

魯迅路吴劍銘文共 40 字。釋文如下：

> 攻敔（敔、吴）王姑讎䧳，𠷎（壽）夢之子，䖒䱵郐（郐）之義弟，初命伐郙（麻），又（有）隻（獲）。㓝（荆）伐郐（徐），余䢅（親）逆，攻之。敗（敗）三軍，隻（獲）［車］馬，攴七邦君。

魯迅路吴劍出土後，曹錦炎先生在《文物》上發表了《吴王壽夢之子劍銘文考釋》[5]，董珊先生在復旦大學出土文獻與古文字中心網發表了《讀吴王壽夢之子劍銘的補充意見和推測》[6]，李家浩先生在《古文字與古代史》第 1 輯發表了《攻吴王姑義䧳劍銘文及其所反映的歷史》[7]，都有很好的發明，特别是董珊、李家浩兩先生將器主定爲吴王餘眛是非常正確的，對研究吴國史起到了重要的推動作用。

由於此劍鏽蝕比較嚴重，銘文筆道纖細，有些文字的筆畫剥蝕，故出現釋文分歧。今見蘇博吴劍可知首句“攻敔王姑發難壽夢之子”不應連讀，李家浩先生斷句是對的。此句應在“䧳”字之後斷句，之前是器主名，其後是講自己的身世。這種句式金文屢見，主語與謂語之間省略了關係詞。如：𨟭鐘“𨟭，吕王之孫”。𨟭鎛作“𨟭，余吕王之孫”。

“攻敔王姑讎䧳”，曹先生釋爲“攻敔王姑發難”，李家浩先生釋爲“攻敔王姑義雔”。細觀銘文照片，可以發現所謂的“發難”或“義雔”，實際上就是“䧢雔”。“䧢”字左側所從的反寫“隹”清晰可見，中部所從的“言”也可以看到部分筆畫；所謂的“難”字左側明顯是從“芇”，與“難”字所從的“𦰩”差别甚大，而與蘇博吴劍的“攻𪊨（吴）王姑䧢於雔”的“雔”相同，是同一個人，即吴王餘眜，衹是魯迅路吴劍將“姑䧢於雔”省稱爲“姑䧢雔”而已。所以，此劍應改名爲攻吴王姑䧢雔劍或吴王餘眜劍。

“𫊟䣄（郐）之義□”，“義”字之後銹蝕所掩蓋的一字，李家浩補爲“弟”字是對的。從蘇博吴劍的“余𫊟䣄郐之嗣弟”也可以得到佐證。“義”，謂符合大義或道德規範。《論語·述而》：“不義而富且貴，於我如浮雲。”《韓非子·忠孝》：“湯武自以爲義而弑其君長。”《左傳·桓公二年》：“武王克商，遷九鼎於雒邑，義士猶或非之。”“義弟”猶“義士”，是對弟的美稱。另外，也有可能“義”字之下是“嗣”字。“義”通宜。《左傳·襄公十四年》：“君，義嗣也。”杜預注：“諸樊，適子，故曰義嗣。”《史記集解》：“王肅曰：義，宜也，適子嗣國，得禮之宜也。”這樣，魯迅路吴王壽夢之子劍的器主就是攻吴王姑䧢雔，即吴王餘眜。

“初命伐□，又（有）隻（獲）”。董珊將“伐”字之後所缺的字釋爲“𨟚（鄖）”，李家浩釋爲“𨛫（曹）”，李先生還從“初命”之後斷句，將“伐□”與“有獲”連讀，謂“初命”是餘眜即位後第一次受到周天子的錫命，具有紀年性質，意思是説兩次戰争是發生在“初命”之年。今從蘇博吴劍可知此字不應釋鄖、曹，而是“𨜶（麻）”。魯迅路吴劍銘文照片上，此字左邊所從的“𣏟”能看到一半，但“屮”下部的兩豎畫漫泐不清，右旁所從的“邑”約略可見，“邑”字上部的圓圈更是清楚。蘇博吴劍作“𫊟䣄此郐命初伐𨜶（麻）”。可知“初命”是“命初”的倒置，是説𫊟䣄此郐命令餘眜初次征伐麻國，與周王錫命無關。

“荆伐徐，余親逆，攻之，敗三軍，獲車馬，支七邦君”，講的是楚國聯合了七個小國攻伐徐國，餘眜親自率軍援徐抗楚，打敗了楚國三軍，并給予了七個小邦國以打擊。這次不像蘇博劍所説的受餘祭之命抵禦楚軍（“命御荆，荆奔”），而是得知楚軍伐徐，便親自率軍迎敵。所以，我認爲這次戰役記述的是餘眛繼位以後與楚國發生的一次戰争，并取得了重大勝利。

《春秋左傳》記載餘眛在位期間因徐國的關係，吴、楚共有兩次大的戰事。一次是餘眛八年（魯昭公六年，公元前 536 年）："徐義楚聘於楚，楚子執之，逃歸，懼其叛也，使薳泄伐徐，吴人救之。令尹子蕩帥師伐吴，師於豫章，而次於乾谿。吴人敗其於房鐘，獲宫廄尹棄。”另一次是餘眛十四年十月（魯昭公之十二年，公元前 530 年）“楚子伐徐”，這次仍以乾谿、豫章爲戰場，因翌年楚公子比殺楚靈王於乾谿，次年“楚師還自徐，吴人敗諸豫章，獲其五帥”。劍銘記載的戰事應是這兩次戰事之一。餘眛十四年到十五年這次楚伐徐是楚靈王親自率軍，勢頭很大，所以有可能餘眛也親自率師迎擊，這與劍銘的“余親逆，攻之”相合。所以，銘文所記應該是這次戰役。此説如若不誤，該劍的鑄造年代應在吴王餘眛十五年到十七年（公元前 529 年 ~ 前 527 年）之間，以這次戰役結束後不久的當年或第二年可能性最大。

三　結語

1. 蘇博吴劍和魯迅路吴劍兩劍所記的壽夢、䱷𫓧此䣜（䱷𫓧䣜）、姑讎於雒（姑讎雒）是春秋晚期吴國的兩代三王。壽夢即吴王壽夢，是䱷𫓧此䣜（䱷𫓧䣜）和姑讎於雒（姑讎雒）的父親。䱷𫓧此䣜（䱷𫓧䣜）與姑讎於雒（姑讎雒）相繼繼承王位，即《史記・吴太伯世家》所説的餘祭、餘眛。

2. 餘祭在位期間，餘眛曾奉命征伐麻國，抵禦楚國和越國的侵略。這些史事可補史書之闕。

3. 魯迅路吴劍所記“荆伐徐，余親逆，攻之。敗三軍，獲［車］馬，攴七邦君”戰役，可能是《春秋左傳》記載的餘眛十五年（魯昭公之十三年，公元前 529 年）楚伐徐，“楚師還自徐，吴人敗諸豫章，獲其五帥”的吴楚之戰。

4. 蘇博吳劍鑄造於餘眜元年到八年（公元前536～前529年）之間，結合劍銘的“叡峨郐命我爲王”分析，該劍極有可能是餘眜即位的元年，即公元前536年鑄造的。劍名應稱爲攻吳王姑讎於雒劍或吳王餘眜劍。據上分析，魯迅路吳劍鑄造於餘眜十五年到十七年之間，而以餘眜十五年吳楚豫章戰役結束後不久的當年或第二年（公元前529年～前528年）可能性最大，劍名也應改爲攻吳王姑讎雒劍或吳王餘眜劍。

總之，蘇博和魯迅路的兩把吳王餘眜劍是記事兵器銘文中最長者。銘文記載的吳國兩代三王的繼承關係，以及吳、越、徐、楚之間的戰爭史料，對於研究春秋史、吳國世系都具有重要的意義。

注　釋

[1] 曹錦炎《從青銅器銘文論吳國的國名》，《東南文化》1991年第6期。

[2] 曹錦炎《吳王壽夢之子劍銘文考釋》，《文物》2005年第2期。

[3] 李夢生《左傳譯注》，上海古籍出版社，2004年。

[4] 張政烺著、朱鳳瀚等整理《張政烺批注〈兩周金文辭大系圖録考釋〉（整理稿）》，中華書局，2011年，第160頁。

[5] 同［2］。

[6] 董珊《讀吳王壽夢之子劍銘的補充意見和推測》，復旦大學出土文獻與古文字中心網2008年1月。

[7] 李家浩《攻吳王姑義雒劍銘文及其所反映的歷史》，《古文字與古代史》第1輯，臺北“中央研究院”歷史語言研究所，2007年，第293～308頁。

吴王餘昧兩劍銘文補釋

李家浩（安徽大學中文系）

今年元月，承蒙蘇州博物館厚愛，惠寄我一張館藏攻盧王姑讎於䧿劍的資料光碟。光碟裏有此劍的照片、銘文拓片和摹本，以及程義先生論文《蘇州博物館新入藏工吴王壽夢之子劍初探》（以下簡稱《初探》）等，閱讀之後，頗多獲益。3 月 21 日，又讀到曹錦炎先生論文《新見攻盧王姑發皮難劍銘文及其相關問題》（以下簡稱《問題》）[1]，受益匪淺。《問題》所説的攻盧王姑發皮難劍，就是本文所説的攻盧王姑讎於䧿劍，因爲彼此對攻盧王名字"姑"下三字釋寫不同，所以對此劍的稱呼也不同。《初探》、《問題》指出，攻盧王姑讎於䧿劍與攻敔王姑讎䧿劍的主人是同一個人[2]，正如《初探》所説，兩劍銘文的關係密切。我過去曾對攻敔王姑讎䧿劍銘文發表過意見[3]。攻敔王姑讎䧿劍銘文殘泐較爲嚴重，文字又有省略，而攻盧王姑讎於䧿劍銘文比較清楚，文字完整，可以糾正我過去對攻敔王姑讎䧿劍銘文意見的失誤。所以，我現在把這兩件劍銘文放在一起再加以討論。

下文第二部分將要談到，劍銘的"姑讎於䧿"和"姑讎䧿"就是吴王餘昧。爲了行文方便，本文把攻盧王姑讎於䧿劍和攻敔王姑讎䧿劍統稱爲吴王餘昧劍，其後標注甲、乙，以示區別。

一　釋文

吴王餘昧劍甲保存情況較好，通長 57.5 厘米。吴王餘昧劍乙保存情況較差，莖殘斷，通長39.5厘米。兩劍銘文都是兩行，分别位於劍脊兩側，但劍甲銘文要比劍乙銘文字數多。劍甲每行37字，加上右行重文1字，共計75字；劍乙每行20字，共計40字。現將這兩劍銘文重新釋寫於下：

攻盧（吴）王姑讎烏（於）䧹曰："余壽夢之子，余䖒（且）䈅（敏）郐之勵弟。䖒（且）䈅（敏）此（些）郐命初伐郲（麻），敗郲（麻），隻（獲）眾多。命御（禦）䂙（荆），䂙（荆）奔。王圍旟（唐），既北既殃，不（匪）刎（勿）敢䡛（當）。命御（禦）邚（越），雄（雖）弗克，未敗盧（吾）邦。䖒（且）䈅（敏）郐命弋（代）爲王。"擇𠀾（厥）吉金，自乍（作）元用鐱（劍）。　　（劍甲）

攻敔（吴）王姑讎䧹："壽夢之子，䖒（且）䈅（敏）郐之義弟。初命伐郲（麻），〔有〕隻（獲）。䂙（荆）伐郐（徐），余親逆攻之，敗三軍，隻（獲）〔車〕馬，攴（撲）七邦君。"　　（劍乙）

"姑"下一字，劍甲雖被鏽所掩，但X光照片却比較清楚，是"讎"字。劍乙此字僅殘存左邊部分筆畫，我過去認爲是"義"字所從"我"旁的左半，現據劍甲，應該是"讎"字左邊"隹"旁之殘畫，《初探》改釋爲"讎"，甚是。

《説文》以"於"爲"烏"字的古文。其實"烏"、"於"古本一字，"於"是從"烏"分化出來的一個字，即把"烏"字表示喙的右上部筆畫與表示喙的左側筆畫和身的筆畫分離而成[4]。劍甲"烏"當讀爲語詞"於"，參看下文第二部分。

"䧹"字所從聲旁"芇"，按照《説文》的説法，其上部從訓爲"羊角也"的"丫"字頭。劍甲與劍乙"芇"旁的寫法略有不同。劍乙上部作"廿"字形，左右有像"羊角"的筆畫；劍甲上部作"口"字形，左右無像"羊角"的筆畫。在古文字中，"廿"字形頭與"口"字形頭往往混用。劍甲將"䧹"字所從"芇"作"吊"字形，當是訛誤之體。爲了便於人們識讀，下面把“𦵔”字寫做它所從的聲旁“芇”。

據劍甲，劍乙在“攻敔王姑𩛈芇”之下省一“曰”字，“壽夢之子”和“𪧢攼斜之義弟”之上分別省一“余”字。春秋時期銅器銘文，像劍乙這樣叙述身世的句子裏，人名主語之後省去“曰”字的情况比較常見，我曾在一篇小文中論及[5]，大家可以參看。

“戱”從“戈”“句”聲。這個字在第二部分提到的攻盧王𪧢戱此斜劍作從“戈”“丩”聲，吴鎮烽先生説是“戱”的省寫。我曾經説過，“戱”可能是“攼”的異體，所以本文一般把“戱”字寫做“攼”。

“戱”下的“斜”字，原文在“余”旁之下從“車”。此字亦見於攻盧王𪧢戱此斜劍和戈。攻盧王𪧢戱此斜劍與此相當的字，“余”旁之下無“車”。據此，此字大概是“斜”字的異體。爲了排印方便，釋文徑把這個字寫做“斜”。

“𪧢攼斜之”下一字，劍乙作“義”；劍甲字形較怪，似從“屖”從“女”。銘文把“昜”旁下部“勿”字形橫寫，跟“䳭”字所從“昜”旁下部橫寫情况類似。如果此説不誤，這個字可以隸定作“𡞫”，當從“屖”得聲。據《玉篇》尸部“屖”字注，“屖”是交易之“易”的本字。“易”、“義”古音相近，中古音都是寘韻開口三等去聲止攝；上古音“易”屬餘母錫部，“義”屬疑母歌部，古代疑、餘二母和歌、錫二部的字音有關。例如：馬王堆帛書《戰國縱橫家書》第二五章273行“秦餘（與）楚爲上交”、278行“餘（與）燕爲上交”[6]，借“餘”爲“與”，“餘”屬餘母，“與”屬疑母；《廣韻》“㫊”有魚紀切、羊入切兩讀，分別屬餘母和疑母。《詩·小雅·何斯人》“我心易也”，陸德明《釋文》説“易”《韓詩》作“施”，《説文》正篆從“易”聲的“鬄”、“鬄”二字重文從“也”聲作“䰐”、“髢”，“施”、“也”屬歌部。疑劍甲“𡞫”字當從劍乙讀爲“義”。

劍乙“義”下一字，僅殘存頭部兩小畫，我過去據殘畫和文意釋爲“弟”。劍甲與此相當的字正作“弟”，證明劍乙此殘文確實是“弟”字。

劍甲“命初”，劍乙作“初命”，“命初”當是“初命”的倒文。“初命”是對下文“命御荆”、“命御越”而言的。劍乙在“初命”之前省略了主語“䱷敀舒”或“䱷敀此舒”。

“𨜒”字在劍甲出現兩次，筆畫清楚；在劍乙出現一次，筆畫殘泐，我過去據殘畫釋爲“𨛦”，讀爲“巢”，現在看來是錯誤的。“𨜒”從“邑”“𣏌”聲。《問題》指出，“𣏌”在古文字中多用爲“麻”。“𨜒”當是地名“麻”的專字，《初探》、《問題》認爲即《左傳》昭公四年“吴伐楚，入棘、櫟、麻”之“麻”，楊伯峻注：“麻，今安徽碭山縣東北二十五里，舊有麻成集。”[7]

“王圍”下一字，《初探》、《問題》釋爲“旟”，可從。清華竹簡《繫年》第十九章105號：“秦異公命子蒲、子虎率師救楚，與楚師會伐陽（唐），縣之。”[8]此即《左傳》定公五年（楚昭王十一年）所記秦救楚、滅唐之事。《説文》“唐”字古文作“啺”。“旟”、“陽”、“啺”三字都從“昜”得聲，故可通用。疑劍銘“旟”即《繫年》之“陽”，也就是“唐”。唐原是楚的與國，位於現在湖北隨州市西北唐縣。

“不”與“鞝”之間二字爲鏽所掩，據X光照片，當是“刎敢”。“刎”從“勿”得聲，疑應該讀爲“勿”。“勿敢”即“不敢”，字或作“弗敢”、“無敢”、“毋敢”等，常見於傳世文獻和出土文獻，這裏衹舉“不敢”、“勿敢”的例子各兩個作爲代表。《書·金縢》“我勿敢言”，六年召伯虎簋“余典勿敢封”[9]，《孟子·離婁下》“我不敢廢”，配兒勾鑃“余不敢奇邪”。[10]其特點是在“勿敢”和“不敢”之前冠有人稱代詞。“不”、“非”都是幫母字，義亦相通，在古書中常見通用[11]，頗疑此句“不”字應該讀爲從“非”聲的指示代詞“匪”，訓爲“彼”[12]。“匪”訓爲“彼”，見《廣雅·釋言》等，侯馬盟書等作“非”[13]。“鞝”、“當”二字都從“尚”得聲，疑“鞝”應該讀爲“當”，與《孟子·梁惠王下》“彼惡敢當我哉”和《千金翼方》卷三十《禁經下·禁盗賊》“莫敢當御（禦）”之“當”同義。“匪勿敢當”的意思是説：那唐人不敢抵擋。

“蜼”是“雖”字的古文，見《古文四聲韻》上平脂韻“雖”字下引《古孝經》、《王庶子碑》。《説文》説“雖”從“虫”“唯”聲，“唯”從“口”“隹”聲，所以“雖”字古文可以寫做從“虫”“隹”聲。“雖”字古文“蜼”跟《説文》訓爲“如母猴，卬鼻長尾”的“蜼”，當非一字。“蜼”字亦見於晉公𥃝銘文，讀爲“唯”[14]。

“爲王”上一字，原文字形似是“戈”，但跟“䥈”、“伐”、“郕”三字所從“戈”旁寫法又有區别，《問題》釋爲“弋”，讀“代”，可從。《史記·吴太伯世家》：“吴人曰：先王有命，兄卒弟代立。”又：“公子光竟代立爲王。”《史記·吕太后本紀》：“吕王台薨，謚爲肅王，太子嘉代立爲王。”此諸“代”字與“叡敏郐命代爲王”之“代”用法相同，可以參看。

二 人名

吴王餘眜兩劍銘文的人名都是三個，其中兩個人名的文字在相同劍銘中或不同劍銘中却有出入。在此，把這三個人的名字整理如下：

A 壽夢	劍甲、劍乙
B 1 叡敏此郐	劍甲
2 叡敏郐	劍甲、劍乙
C 1 姑讎於芇	劍甲
2 姑讎芇	劍乙

據我所知，B1 的名字還見於穀城出土的攻盧王叡䥈此郐劍和吴錫市博物館收藏的攻盧王虘䥈此郐劍[15]，以及私人收藏的攻盧王虘䥈此郐劍和攻盧王叡䥈此郐戈。私人收藏的攻盧王叡䥈此郐戈已發表[16]，攻盧王虘䥈此郐劍尚未發表。

B、C 是 A 的兩個兒子。據《史記·吴太伯世家》等記載，吴王壽夢有四個兒子：諸樊、餘祭、餘眜、季札。餘祭又名“句餘”和“戴吴”，見《左傳》襄公二十八年。餘眜名字的第二字在傳世文獻中有不同寫法，本文據中華書局標點本《史記·吴太伯世家》作“眜”[17]。《左傳》襄公三十一年餘眜作“夷末”。B、C 即吴王壽夢第二個兒子餘祭、第三個兒子餘眜。

自 2011 年 3 月以來，我先後發表《攻敔王者彶叡虜劍及者減鐘》、《越王差郐戈銘文新研》和《“越王者旨於睗”新考》三篇小文[18]，還有《談“姑發諸反”與“諸樊”之間的語音關係》一篇小文即將發表。我在這四篇小文中指出，吴、越兩國的人名往往加有所謂的“語詞”或“語助詞”，急讀時又往往被省略。我把這種“語詞”或“語助詞”暫且稱爲“附加語”，這種人名特點概括爲“吴、越人名多附加語”。在我所談吴、越兵器銘文的國君名字之中，就有 B1、B2。我曾經説過，劍乙的“叡（且）敂郐”是將攻盧王叡敂此郐劍的“叡（且）敂此（些）郐”之“郐”前的附加語“些”省去後的一種稱呼；吴王餘祭的别名“句餘”是在“叡（且）敂郐”的基礎上，進一步省去“敂”前的附加語“且”之後的“敂郐”的對音。

我在上面提到的幾篇小文中還指出，“姑讎芇”之“姑”和像“姑讎於芇”名字之“於”都是附加語。那麽，C1“姑讎於芇”與 C2“姑讎芇”的關係，當跟 B1“叡敂此郐”與 B2“叡敂郐”的關係同類，C2 是將 C1“芇”前的附加語“於”省去的一種稱呼；“餘眜”或“夷末”是在 C2 的基礎上，進一步省去“讎”前的附加語“姑”之後的“讎芇”的對音。

“眜”從“末”得聲。關於“芇”與“末”或“眜”的字音關係，我已説過，此不贅言，僅補充一個通用的例子。《莊子·外物》、《淮南子·地形》等有表示駝背的“末僂”一詞，《漢書·蔡義傳》等作“俛僂”。“俛”在西漢簡帛文字中作“顢”、“㒼”、“伂”等[18]。“顢”、“㒼”二字皆從“㒼”聲，“伂”從“芇”聲。據林義光所説，“㒼”也從“芇”聲。[20]“顢”、“㒼”、“伂”當是“俛”字的異體。上古音“末”屬明母月部，“俛”屬明母元部，二字聲母相同，韻部是嚴格的陽入對轉，故可通用[21]。既然“末僂”之“末”是“俛”的假借字，而“俛”的異體或作“俈”，可見“末”、“芾”二字確實可以通用。

現在説“䲡”與“夷”、“餘”的字音關係。上古音“䲡”屬禪母幽部，“夷”屬餘母脂部，“餘”屬餘母魚部。餘、禪二母都是舌音，僅有舌頭、舌上之别。包山楚簡186號地名“郔邮”[22]，即《左傳》昭公十三年“〔楚靈〕王奪鬬斗韋龜中犨”的“中犨”。“犨”或作“犫”[23]。“犫”從“䲡”聲，“犨”、“䲡”都從“雔”聲；“邮”從“由”聲，與“郵”的簡化字“邮”無關。“由”屬餘母。此是“䲡”可以讀爲餘母的例子。古代幽部與魚、脂二部字音有關。《吕氏春秋·音初》所記周昭王時人“辛餘靡”之“餘”，《漢書·古今人表》作“繇”，《帝王世紀》作“游”[24]；《荀子·解蔽》説“浮游作矢”，《山海經·海内經》郭璞注、《藝文類聚》卷六十、《初學記》卷二二引《世本》和《玉篇》“矢”字注作“牟夷作矢”，高亨説：“浮游即牟夷。浮與牟、游與夷，皆一聲之轉。”[25]按高説可從。“繇”、“游”都是幽部字。此是“夷”、“餘”二字與幽部字通用的例子。傳世文獻的“餘眛”或“夷末”，當是“姑䲡於芾”或“姑䲡芾”省去附加語之後的“䲡芾”的對音。

我在前面是把“句餘”作爲餘祭的别名來處理的。實際上，“句餘”是餘祭的别名還是餘眛的别名，歷來是有争議的。服虔認爲“句餘”是餘祭，杜預認爲“句餘”是夷末（餘眛）[26]。清代以來學者多贊同服虔的説法，如惠棟、李貽德、梁玉繩、楊伯峻等[27]。現在吴王餘眛兩劍的發現，證明“句餘”確實是餘祭。

三　史事

吴王餘眛劍甲銘文所記史事，有四次戰争和一件命餘眛爲王。吴王餘眛劍乙大概是因爲劍身面積較小，受字數限制，衹記了兩次戰争。劍乙兩次戰争與劍甲四次戰争的對應關係如下所示：

劍甲	劍乙
1. 初命伐麻，敗麻，獲衆多。	初命伐麻，有獲。
2. 命御荆，荆奔。	荆伐徐，余親逆攻之，敗三軍，獲車馬，擈七邦君。
3. 王圍唐，既北既殃，匩勿敢當。	
4. 命御越，雖弗克，未敗吾邦。	

第一、二、四次戰爭是吴王餘祭命他弟弟餘眛出征，第三次戰爭是吴王餘祭自己親征。緊接着四次戰爭之後，是餘祭命餘眛代他爲王。於此可見，劍銘所記史事皆發生在吴王餘祭之世。過去，我據劍乙銘文“初命”之前省略了主語“䲙敂郐”或“䲙敂此郐”，誤認爲所記史事發生在吴王餘眛之世，應予更正。

關於餘祭和餘眛兄弟二人在位的年代，《史記・吴太伯世家》説餘祭是十七年，餘眛是四年。據《左傳》所記，實際上是餘祭在位四年，即魯襄公二十六年（公元前 547 年）至二十九年（公元前 544 年），餘眛在位十七年，即魯襄公三十年（公元前 543 年）至魯昭公十五年（公元前 527 年），《史記》把他們兄弟二人在位的年代弄倒了。關於這一點，前人論之甚詳。

在吴王餘祭在位的四年裏，史書記載僅元年和四年發生過戰爭。這裏把《左傳》記載轉述於下：

吴王餘祭元年：〔四月〕楚子、秦人侵吴，及雩婁，聞吴人有備而還。

吴王餘祭四年：〔五月〕吴人伐越，獲俘焉，以爲閽，使守舟。吴王餘祭觀舟，閽以刀弒之。

“楚子、秦人侵吴”和“吴人伐越”兩句之前六角括弧内的月份，是根據它們前後文字所記時間而定的。

把劍銘所記戰争與上引《左傳》記載對照，劍銘第一、四兩次戰争，可能跟吴王餘祭元年“楚子、秦人侵吴”和四年“吴人伐越”這兩次戰争有關。

劍銘第一次戰争發生在“初命”之時。也就是説“伐麻”是餘祭即位爲王之後，初次命令他弟弟餘眛出征，其年代顯然應該在餘祭元年。上一年十二月吴王諸樊伐楚，在攻打巢邑的城門時中箭身亡[28]。吴王餘祭即位之初，大概爲了報楚射殺他哥哥諸樊之仇，於是發動了“伐麻”之戰，從銘文“敗麻，獲眾多”來看，楚國傷亡慘重。楚國爲了報“伐麻”之役，於是在四月聯合秦國“侵吴”。如果此説不誤，“初命伐麻”的時間應該在餘祭元年二月至三月之間。

劍銘第四次戰争發生在“叡敂郐命代爲王”之前。也就是説，其年代當在吴王餘祭四年，餘祭臨終命餘眛爲王之前。從銘文來看，這次戰争是越伐吴，其結果是吴以戰敗而告終。《左傳》所記是吴伐越，可能是爲了報“御越”之役，其結果是吴王餘祭被越俘閽人所弒。

既然第一、四兩次戰争分别發生在吴王餘祭元年和四年，那麼第二、三兩次戰争可能分别發生在吴王餘祭二年和三年。大概劍甲銘文從每年發生的戰争中選擇一次作爲代表，四次戰争正好四年，跟《左傳》所記吴王餘祭年代相合。看來，吴王餘眛兩劍鑄造的年代當在餘眛元年，即公元前543年。

根據上面的説法，劍甲銘文的主旨，顯然是餘眛通過吴王餘祭之世的四次戰争和餘祭命他爲王，一方面頌揚他哥哥餘祭的功烈和德善，另一方面强調他自己的戰功和爲王的合法性。不過弦外之音，頗耐人尋味。

以上是我對吴王餘祭兩劍銘文的意見，主要談了三個方面的問題：一是銘文的釋寫，二是人名的疏證，三是史事的考定。謬誤之處，敬請大家批評指正。

2015年3月下旬於北京大學燕北園

注 釋

[1] 曹錦炎《新見攻盧王姑發皮難劍銘文及其相關問題》，復旦大學出土文獻與古文字研究中心編《出土文獻與古文字》第 6 輯，上海古籍出版社，2015 年，第 143～151 頁。

[2] 曹錦炎《吴王壽夢之子劍銘文考釋》，《文物》2005 年第 2 期。

[3] 李家浩《攻敔王姑義雔劍銘文及其反映的歷史》，陳昭容主編《古文字與古代史》第 1 輯，臺北"中央研究院"歷史語言研究所，2007 年，第 293～308 頁。

[4] 參看李家浩《先秦古文字與漢魏以來俗字》，《中國語言學》第 6 輯，北京大學出版社，2012 年，第 91～92 頁。

[5] 李家浩《僕兒鐘銘文新釋》，《中國文字學報》第 3 輯，商務印書館，2010 年，第 60～61 頁。

[6] 馬王堆漢墓帛書整理小組《馬王堆漢墓帛書（三）》（綫裝本），文物出版社，1978 年，第 2 册第 37 頁，第 3 册第 117 頁。

[7] 楊伯峻《春秋左傳注》（修訂本），中華書局，1993 年，第 4 册第 1255 頁。

[8] 清華大學出土文獻研究與保護中心編、李學勤主編《清華大學藏戰國竹簡（貳）》，中西書局，2011 年，上册第 92 頁，下册第 184 頁、185 頁注 4。

[9] 中國社會科學院考古研究所《殷周金文集成》（修訂增補本），中華書局，2007 年，第 1 册 00426～00427 號。

[10] 同 [9]，第 4 册 04293 號。

[11] 高亨《古字通假會典》（董治安整理），齊魯書社，1989 年，第 433 頁。

[12] "匪"、"彼" 古音相近，可以通用。"匪" 與 "彼" 是兩個不同的代詞還是同一個代詞的不同書寫形式，在學術界有不同意見，本文暫且作爲兩個不同的代詞處理。

[13] 朱德熙、裘錫圭《戰國文字研究（六種）》之一《侯馬載書"麻夷非是"解》，《考古學報》1972 年第 1 期；《朱德熙古文字論集》，中華書局，1995 年，第 31～32 頁。

[14] 李學勤《晉公𥂴的幾個問題》，文化部文物局古文獻研究室編《出土文獻研究》，

文物出版社，1985 年，第 135 頁。

［15］陳千萬《湖北穀城縣出土“攻𢻏王𠭯𢦏此𨚕”劍》，《考古》2000 年第 4 期；吴鎮烽《記新發現的兩把吴王劍》，《江漢考古》2009 年第 3 期彩版二：3、4。

［16］董珊《吴越題銘研究》，科學出版社，2014 年，第 13 頁，圖 9。

［17］（漢）司馬遷《史記》，中華書局，1975 年，第 5 册第 1449、1460、1461 頁。

［18］李家浩《攻敔王者彶𠭯虘劍及者減鐘》，《第三届古文字與古代史國際學術研討會（會議用）》，臺北“中央研究院”歷史語言研究所，2011 年 3 月，第 167～181 頁；李宗焜主編《古文字與古代史》第 3 輯，臺北“中央研究院”歷史語言研究所，2012 年，第 215～235 頁；《越王差郐戈銘文新研》，李宗焜主編《第四届國際漢學會議論文集・出土材料與新視野》，臺北“中央研究院”歷史語言研究所，2013 年，第 311～340 頁；《“越王者旨於睗”新考》，《歷史語言學研究》第 7 輯，商務印書館，2014 年，第 340～348 頁。

［19］白於藍《戰國秦漢簡帛古書通假字彙纂》，福建人民出版社，2012 年，第 772 頁。

［20］林義光《文源》卷八，中西書局影印，總第 302～303 頁。

［21］詳見李家浩《“韤（末）僂”與“免（俛）僂”》，中國文字學會、吉林大學古籍研究所編《中國文字學會第七届學術年會會議論文集》，長春，2013 年 9 月，下册第 399～402 頁。

［22］湖北省荆沙鐵路考古隊《包山楚簡》，文物出版社，1991 年，圖版八四。案：該書第 31 頁釋文把“邭”釋爲從“邑”從“古”之字，非是。此從陳偉先生所釋，見陳氏《包山楚簡初探》，武漢大學出版社，1996 年，第 216 頁。

［23］《説文》牛部訓爲“牛息聲”的字，大、小徐本皆作“犨”，段玉裁注改作“犫”，學者多非之。案：《古璽彙編》0929、2891、3064、3065 號有一個作上“隹”下“牛”之字，學者多認爲是“犨”字的省寫；“犫”見於廿一年晉國下庫戟、張家山漢簡《二年律令》457 號和馬王堆帛書《五行》317 行。可見“犨”、“犫”二字出現的時間都很早。

［24］《史記・周本紀》張守節《正義》引。參看梁玉繩《人表考》卷八，《史記漢書諸表訂補十種》，中華書局，1982 年，下册第 868～869 頁。

［25］高亨《諸子新箋》，齊魯書社，1980 年，第 176 頁。

［26］杜預注、孔穎達疏《春秋左傳注疏》卷三八，阮元校刻《十三經注疏》，中華書局影印，1980 年，下册第 2001 頁上欄“吴句餘予之朱方”注疏。

［27］惠棟《春秋左傳補注》，李貽德《左傳賈服注輯述》，阮元、王先謙編《清經解、清經解續編》，鳳凰出版社影印，2005 年，第 3 册第 2775 頁；第 11 册第 3938 頁上欄。梁玉繩《史記志疑》（賀次君點校），中華書局，2006 年，第 1 册第 368 頁。楊伯峻《春秋左傳注》（修訂本），中華書局，1990 年，第 3 册第 1149 頁。

［28］見《左傳》襄公二十五年、《史記·十二諸侯年表》楚康王十二年欄和吴王諸樊十三年欄等。

兩柄吳王餘昧劍銘的比較研究

張懋鎔（陝西師範大學）

去年，蘇州市博物館新入藏一柄吳王壽夢之子姑讎烏雒劍，鑄有銘文 75 字，該館的程義博士已經做了很好的研究[1]。在程文的基礎上，先將銘文厘定如下：

> 攻盧王姑讎烏雒曰：余壽夢之子，余𠭯戗郚之嗣弟。𠭯戗此郚命初伐散，敗散，獲眾多。命御䎚（荆），䎚（荆）奔，王圍昜，既北既殃，不争敢𩍐。命御邚（越），雖弗克，未敗吴邦。𠭯戗郚命弋（我）爲司（嗣）王，擇𠂤（厥）吉金，自作用劍。

與此劍銘文相近的還有一柄吳王壽夢之子姑讎雒劍，係於 1997 年在浙江紹興魯迅路改造工程中出土，鑄有銘文 40 字，現藏越文化博物館。曹錦炎先生曾做過很好的考釋[2]。參酌曹文，將銘文厘定如下：

> 攻盧（敔、吴）王姑讎雒，壽夢之子，𠭯戗郚之義弟。初命伐散，又（有）隻（獲）。䎚（荆）伐郐（徐），余𧥄（親）逆，攻之。敗三軍，隻（獲）［車］馬，攴七邦君。

相比而言，姑讎烏雒劍的銘文要清楚一些，可以補正姑讎雒劍銘文。原本曹錦炎先生釋文“義”後空缺一字，李家浩先生補上“弟”字，姑讎烏雒劍銘的發現，證明李先生所補是正確的[3]。這個字的補正非常重要，説明器主是吴王餘眛而不是餘祭。

關於吴國的國名，有攻𡩜、攻敔、吴等不同的名號。根據以往的研究成果，“攻𡩜”是較早的寫法，“攻敔”是較晚的寫法[4]。但是“攻𡩜”的寫法具體結束於何時，“攻敔”的寫法又開始於何時，以往并不很清楚。現在看來，應在餘祭、餘眛時期。屬於吴王餘祭的青銅劍有4柄：北京保利博物館收藏一件、1988年湖北穀城縣城關鎮西皮家窪出土工𡩜王叡𨱳此郚劍一件、無錫收藏家收藏攻敔王此郚劍一件、2006年杭州市郊老餘杭的南湖出土工吴王叡𨱳工吴劍一件[5]。可見在餘祭時期，工𡩜、攻敔并用。從姑讎烏雊劍銘爲“攻𡩜”、姑讎雊劍銘爲“攻敔”來看，餘眛時也是“攻𡩜”、“攻敔”并用。餘眛在位時間衹有四年，基本承襲餘祭時期的稱名方式。可見從“攻𡩜”到“攻敔”的變化在吴王餘祭、餘眛時期。在此之後，就不用“攻𡩜”了。明瞭這一點，或許對於吴國國君青銅器的斷代會有一定的意義。

下面對兩劍銘文中的一些有争議的字詞談一點看法。

比較兩劍，攻𡩜王姑讎烏雊即攻敔（敔、吴）王姑讎雊，前者王名多一字“烏”。考慮到吴王名諱常有省略的現象，雊當是烏雊的省略式。争議在“烏”前一字，曹錦炎先生釋爲“雞”，李家浩先生厘定爲“義”字，曹先生、程義博士都認爲是“發”字。此字右半邊銹蝕嚴重，左邊字形走向可辨，與下一字雊的右半邊很相似，衹是方嚮相反，是偏旁“隹”，所以這是一個從“隹”的字。再對比姑讎烏雊劍銘，就更清楚。此字由三部分構成，左右各是一個“隹”，中間不是“舌”字，極可能是“言”字，所以合起來是“讎”字。這個字的形態與發字完全不同，顯然不能徑直寫成“發”字。

姑讎與姑發是什麽關係，先看看吴王名爲“姑發”的銅器：

攻𡩜太子姑發□反劍：“攻𡩜太子姑發□反自作元用……”（《商周》18076）

姑發者（諸）坂戈：“攻𡩜王姑發者（諸）坂自作元用。”（《商周》17139）

姑發□反之弟子劍："攻𠪚王姑發□反之子子□其後，擇厥吉，以作其元用劍。"（《商周》18075）

姑發者反之子通劍："攻敔王姑發者（諸）反之子通自作元用。"（《商周》17999）

姑發反之子曹□眾尋員劍："攻𠪚王姑發反之子曹□眾尋員自作元用。"（《商周》18000）

總共五件。第一件是諸樊爲太子時所作，年代最早。第二件是諸樊爲王時所作，自然晚於第一件。後三件是諸樊的弟子、兒子所作，自然要晚於前兩件。通與曹□眾尋員可能不是諸樊的嫡子，所以在文獻記載中找不到。從四件器銘中"攻𠪚"的寫法來看，後三件的年代也不會多晚。總之這五件吴王室銅器的年代要早一些。至於姑讎烏雡劍與姑讎雡劍，既然如前所言器主是壽夢的第三個兒子餘昧，即位年代自然要晚一點。從"姑發"與"姑讎"在銘文中的位置來看，二者衹是寫法不同，含義没有差别。"姑發"一詞的使用要早一點，"姑讎"當是稍晚的用法。

無論是"姑發"還是"姑讎"，在餘昧之後就消失了，這值得討論。曹錦炎先生認爲"姑發"是吴國王室的氏名[6]，有道理。從所處銘文的位置來看，"姑發"或者"姑讎"在國名之後，私名之前，即内涵比國小而比個人大，似乎唯有族名可以吻合。可能在餘昧之後，隨着吴國與中原諸國的交往（包括戰争）日益頻繁，受中原文化影響，族的色彩淡化，就像金文中殷商族徽在西周漸漸衰亡一樣，作爲族名的"姑發"或者"姑讎"消失了，甚至連國名也由方言意味濃郁的"攻吴"變成了"吴"。

在姑讎烏雡劍銘的"伐"字後空缺一字，李家浩先生補上從艸從邑之字，認爲相當於文獻的"巢"字，程義博士釋爲"麻"，曹錦炎先生釋爲"郙"，李學勤、朱鳳瀚先生釋爲"散"。從字形結構來分析，釋爲"散"字比較穩妥。此字與1960年陝西扶風召陳村銅器窖藏出土一批散氏銅器上的"散"字最爲接近，所以姑讎烏雡劍銘"伐"後空缺一字應是"散"字。散可能是文獻失載的一個小國，不清楚地望所在，但應該離吴國不遠。因爲散是一個小國，所以餘昧可以比較輕鬆地拿下，并有所斬獲。

程義博士釋“麻”也有一定道理。雖然從文字學的角度來看，釋“麻”不如釋“散”，但是從文獻學的角度來看，却有優勢。據《春秋》記載，昭公四年“秋七月，楚子、蔡侯、陳侯、許男、頓子、胡子、沈子、淮夷伐吴”。《左傳·昭公四年》記載：“冬，吴伐楚，入棘、櫟、麻，以報朱方之役。楚沈尹射奔命於夏汭……”魯昭公四年乃公元前 538 年，吴王餘祭十年，餘昧作爲嗣王，協助餘祭指揮軍事。這場戰争就是姑讎烏雗劍銘中提到的“御荆”之戰。在姑讎雗劍銘中寫做“荆伐徐”，吴國參盟，幫助徐國禦敵。結果是吴國大勝，“敗三軍，獲車馬，支七邦君”。銘中“七邦君”就是指《左傳》所説“楚子、蔡侯、陳侯、許男、頓子、胡子、沈子”等七國國君（淮夷可能不計算在内）。《左傳》提到的“麻”（在今河南永城縣南），可能就是銘文中所説餘昧初次征伐的城邑。

在姑讎烏雗劍銘的“弗克”前一字，爲鏽所掩蓋，不清楚，程文厘定爲“隹”，釋爲“唯”，以上下文度之，似可釋爲“雖”，其筆畫與“隹”也相近，是説餘昧率領吴國軍隊雖然没有打敗越國，但也没有損害吴國，這樣語意似乎更通暢一些。

從銘文首句來看，姑讎烏雗劍與姑讎雗劍均爲吴王餘昧即位以後所作。考慮到餘昧在位衹有四年，雖然兩劍可能并非同時所造，但相隔時間也不會長。二者形制有所不同，姑讎雗劍爲扁莖長條形，劍身中間起平脊，姑讎烏雗劍劍身中間隆起，但無後者那樣的平脊。從銘文來推敲，姑讎烏雗劍記載姑讎烏雗參與指揮的三次戰争：先伐散，繼而敗荆，最後禦越。姑讎雗劍銘提到伐散、敗荆，但没有關於禦越的文字。因爲對餘昧來説，前兩場戰争伐散、敗荆更爲重要。散是一個小國，伐散是一次主動出擊，吴國比較容易得手。伐散的戰果是“獲衆多”，自然值得宣揚。敗荆的收穫也很可觀，鑒於楚國强大，餘祭、餘昧時吴國軍力尚有不足，能打得對方“既北既殃”，俘獲對方車馬，自然是了不起的勝利，值得大書特書。而當時越國也比較强盛，對付越國衹是作被動防禦。禦越的結果是“未敗吴邦”，一場不輸也不贏的戰爭，談不上什麽戰果，所以姑𩛥雔劍銘就没有提到。

總而言之，這兩柄吴王餘昧劍的銘文内容豐富，對於瞭解當時吴國的軍事實力，吴王餘昧的作爲，都有重要意義。

注 釋

[1] 程義、張軍政《蘇州博物館新入藏吴王餘眛劍初探》，《文物》2015年第9期。

[2] 曹錦炎《吴王壽夢之子劍銘文考釋》，《文物》2005年第2期。

[3] 李家浩《攻敔王姑義雔劍銘及其所反映的歷史》，陳昭容主編《古文字與古代史》第1輯，臺北“中央研究院”歷史語言研究所，2007年，第293～308頁。

[4] 李學勤《試論山東新出青銅器的意義》，《新出青銅器研究》，文物出版社，1990年，第252頁。

[5] 周亞《春秋時期吴王室有銘青銅劍概述》，《上海博物館館刊》第12期。

[6] 曹錦炎《從吴國兵器再論吴王名》，李宗焜主編《古文字與古代史》第3輯，臺北“中央研究院”歷史語言研究所，2012年，第237頁。

工吴王餘眛劍形制比較研究

姚晨辰（蘇州博物館）

蘇州博物館新入藏工吴王餘眛劍一柄，這柄劍的銘文共 75 字。可釋讀如下：

> 攻盧（吴）王姑讎烏雝曰：余壽夢之子；余戲钺郐之嗣弟。戲钺此郐命初伐麻，敗麻，隻（獲）眾多；命御䂞（荆），荆奔，/王圍𣃁，既北既殃，不我敢綃。命御越，唯弗克，未敗盧（吴）邦。戲钺郐命戈（我）爲王，擇厥吉金自作元用劍。

銘文裏出現了壽夢、餘祭（即戲钺此郐）、餘眛（即姑讎烏雝）三位吴王之名；記載了器主吴王餘眛作爲壽夢之子、吴王餘祭後王位的繼承人，在吴王的命令下進攻麻獲勝，繳獲眾多物資；并抵禦楚國人和越人的進攻，爲吴國疆域的開拓和穩固立下戰功，因此最後吴王餘祭傳位給了器主餘眛這樣一段歷史史實。這篇銘文可以彌補很多關於吴越楚歷史史料的不足，該器是目前所見東周青銅劍乃至吴國禮器題銘最豐富者，既記載了王位的傳承關係，又記載了吴國早期對外戰爭的情況，爲吴越地區兵禮器之代表。

該器劍身出脊隆起，寬斜從，近鋒處明顯收狹，雙刃呈弧曲形。呈一字窄格，格部截面呈菱形，圓實莖帶兩道箍，圓盤形首。劍身、格部鎏金；劍首留有鑲嵌玉石之殘痕；雙箍飾以荆棘狀突起，爲吴國之典型紋飾。莖部留有纏緱的痕迹，纏繩清晰可見。全長 57.5、寬 4.8 厘米，束腰部分長 22

厘米。

吴越青銅劍按劍格可分寬格和一字型格兩大類，寬格劍多置實莖，設以雙箍及圓盤首；而一字型格劍多置空莖無箍，設以空首。而此種一字格有箍式劍在所有出土吴越青銅劍中極爲罕見。吴王餘昧劍的發現，爲一字格有箍式劍的斷代提供了一件標準器。

例一 此劍型最早出現的地點是江蘇吴縣石公鄉消夏灣水域[1]，該劍徵集於 1980 年。通長 39. 5、莖長 9. 3 厘米，劍身最寬處 4. 3 厘米（圖一）。該劍莖近劍首處爲圓形，近劍格處爲扁方柱形；近格處兩側各凸出一扁長方形棱，留有合範鑄痕。劍格狹窄，成一字型，朝莖處微帶弧狀。劍身扁薄，棱脊凸出如綫狀，莖處棱脊兩側各有一條 8 厘米長的棱綫。劍鋒呈三角形，銼口纖細。整器素面無紋，色黝黑。出土報告中時代定爲西周晚期至春秋早期。

圖一　江蘇吴縣石公鄉出土一字格有箍式青銅劍

例二 朱華東先生的《皖南周代青銅劍初論》中收一柄一字格有箍式劍，編號爲當塗 0296[2]，爲安徽當塗出土。通長 41. 4、莖長 8. 8、格寬 5. 4、身寬 4 厘米（圖二）。劍身前端收緊，劍鋒處弧收，扁莖，中段有一較寬的扁箍。劍身起脊綫，較粗。報告中時代定爲春秋中期。該劍已經發展到了綫形直脊，劍首成實心圓盤首，據此可推測此劍略晚於吴縣劍，時代當在春秋早期。

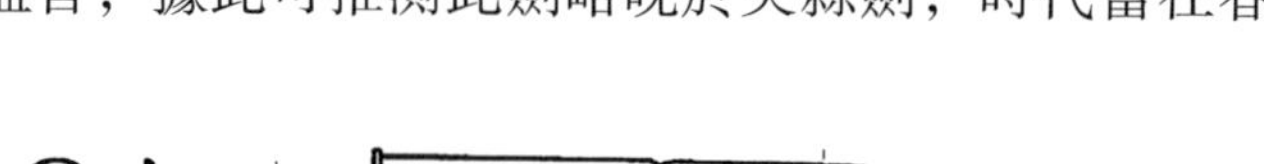

圖二　安徽當塗出土春秋早期青銅劍

例三 出土於江蘇六合縣和仁東周墓的 M1∶1[3]。總長 48. 6、首徑 3. 8、格寬 5. 4 厘米（圖三）。該器劍格薄而窄，劍身中央有脊，莖有雙箍，首作喇叭形。該劍最大特點就是其莖上的箍已經從最早的方形箍發展爲早期的圓箍形制，祇是和後來的雙箍還是有很大的差别，可見這是一個過渡的形態。報告推測該墓葬的年代爲春秋晚期到戰國早期。按照劍的形制，該器的製作年代要早於春秋晚期，可能在春秋中期前段。

圖三　江蘇六合和仁東周墓出土青銅劍（M1∶1）

可見春秋中期左右在吴越地區，就有了一字格有箍式劍的雛形。而在當時，由於交通資訊不便和嚴格的技術控制，吴國很難得到青銅器的鑄造工藝，就想方設法與臨近各國進行頻繁接觸。而這一時期吴國在紀年史書中比較準確的記録是《國語・卷第六・齊語》載：（桓公）即位數年，東南多有淫亂者，萊、莒、徐夷、吴、越，一戰帥服三十一國。齊桓公於公元前 685 年即位，故“即位數年”當在公元前 675 年以前。據此史料我們可以推斷，在公元前 675 年左右，吴國就開始强大起來，隨即遭到了齊國的討伐，很可能就此依附於當時强大的齊國。而《左傳・宣公八年》記載：楚爲衆舒叛，故伐舒蓼，滅之。楚子疆之，及滑汭。盟吴、越而還。據此史料我們可以推斷，公元前 601 年，吴國曾與楚國結盟，其實就是依附於强大的楚國。因此在公元前 675 年左右至公元前 601 年左右，吴國是與齊國結盟的，在與齊國頻繁的摩擦中學習了中原先進的青銅兵器的製造技術，爲以後吴越劍優異的發展奠定了基礎。

例四 濰坊市博物館徵集部分青銅兵器中之四號劍[4]，該劍 1963 年由濰坊鐵道南廢品收購站倉庫揀選。通長 40.5、莖長 8.5 厘米（圖四）。劍身中脊凸出起棱，有格及首，一字型格，格平面呈菱形，圓柱狀莖附箍兩道，首作餅

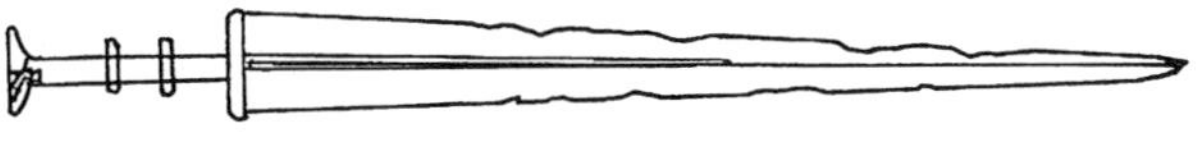

圖四　山東濰坊博物館藏春秋中期青銅劍

形。莖側後部有澆鑄和加工留存的疤痕。該劍劍身中脊凸出起棱，且長度遠短於工吴王餘眛劍，劍體細長，且未見鍔部，據此可以推測，該劍的年代當爲春秋中期，齊吴聯盟之時就有了一字格有箍式劍最初的形制。

根據文獻推測，在公元前601年後至公元前584年申公巫臣奉晉國之命親自到吴國這段時間，吴國是與楚國結盟的。在吴楚結盟時期，吴國與楚國在邊界摩擦的過程中其兵器有了進一步發展。

例五 周緯先生於《中國兵器史》著録一柄一字格有箍式劍，列入書中“周代丙種銅劍2”[5]。該劍原爲河南固始縣出土（瑞典遠東古物博物館藏器）。劍中綫起脊，一字型格，圓莖，莖上設雙箍（圖五）。河南固始縣春秋時期屬於蓼國與黄國屬地範圍，黄國於公元前648年被楚國吞并，蓼國於公元前601年被楚國吞并。黄國、蓼國被吞并以後，吴國與楚國在疆域上直接接壤。而從該劍形制上看，與濰坊市博物館劍相比有了發展，劍身出脊從凸脊變爲綫形脊，且劍身出現了寬鍔，而鍔與從等寬，因此該劍年代應該在春秋中期偏後。

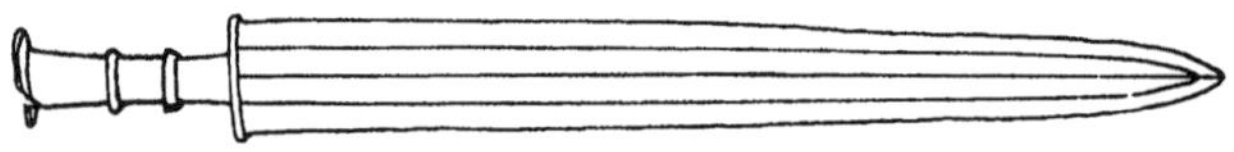

圖五 河南固始出土春秋中期青銅劍（采自周緯《中國兵器史》）

例六 出土於江蘇六合縣和仁東周墓[6]，墓葬時代在春秋晚期至戰國初期。M1∶2長40.2厘米（圖六）。該器劍格薄而窄，劍身中央有脊，莖有雙箍，首作喇叭形。莖部留有纏緱的痕迹。該劍鍔部明顯窄於從部，且劍鋒處又見明顯三角形弧收，劍首較劍莖略微粗，可以判定爲略早於工吴王餘眛劍比較成熟之一字格有箍式劍。

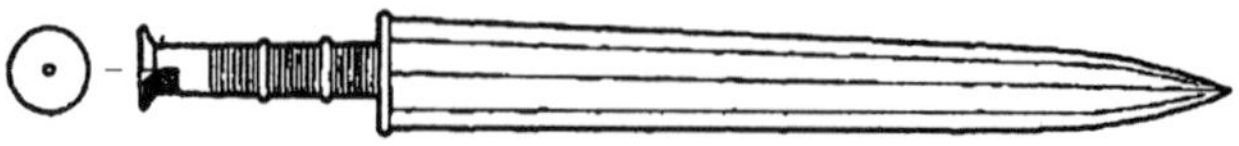

圖六 江蘇六合和仁東周墓出土青銅劍

例七 湖北黄州國兒沖楚墓發現一柄，編號 M3∶34[7]。長 48.2 厘米（圖七）。劍身中脊起棱，刃較鋒利，一字型窄格，圓實莖，莖部設以兩道凸箍，圓盤首，劍首飾以五道同心圓。製作精美，配有劍鞘，已腐爛。墓葬時代爲戰國中晚期，長度略短於工吴王餘昧劍，且該劍有凸出的脊棱，年代上要略早於工吴王餘昧劍，其實際年代當爲春秋晚期前段。

圖七 湖北黄州國兒沖楚墓出土春秋晚期青銅劍（M3∶34）

例八 湖北穀城縣出土的“攻吴王䣄钺此邻”劍[8]。該劍中脊起棱，窄格呈“山”字，扁圓柱狀莖，莖兩側各有兩個乳突相互對稱，劍首平實，無紋飾。劍身較寬，鋒部斷缺。殘長 28.5、莖長 6.4、劍身寬 4.4、莖寬 1.3 厘米（圖八）。“䣄钺此邻”爲吴王餘祭的名字，該劍早於吴王餘昧劍。

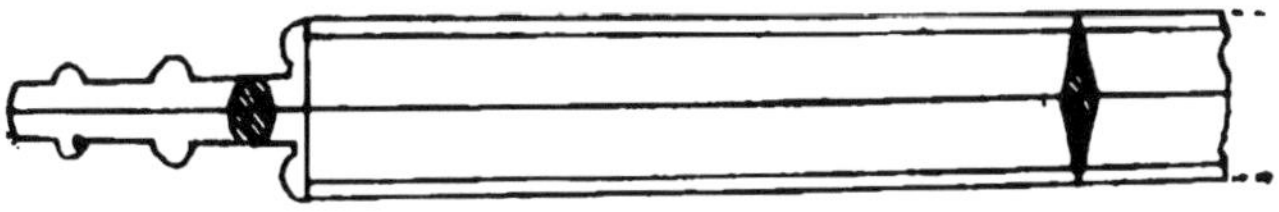

圖八 湖北穀城縣出土“攻吴王䣄钺此邻劍”

例九 山東泰安大河水庫出土一把[9]，通長 50、莖長 8.9、寬 4.8 厘米（圖九）。劍體厚重，鋒鋭，近鋒處收狹；兩面中部起脊，寬斜從，薄格呈菱形，莖圓柱形，上設雙箍，喇叭狀圓首。報告中時代初定爲戰國中晚期，按照器型與長度推斷，與工吴王餘昧劍相當，可推測劍的實際年代當爲春秋晚期。

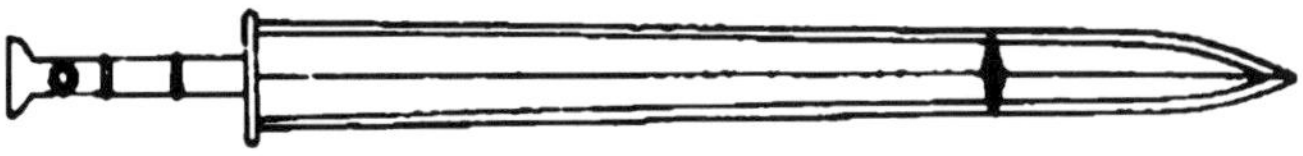

圖九 山東泰安出土春秋晚期青銅劍

例十 湖北江陵雨臺山楚墓出土一柄，編號標本 184∶17[10]，長 47.5、寬 3.7、脊厚 1.2 厘米（圖一〇）。中脊凸起，有從，實莖，雙箍，窄格。墓葬時代爲戰國中期。該器按照器型推斷當與工吴王餘眛劍比較一致，可判定爲春秋晚期。

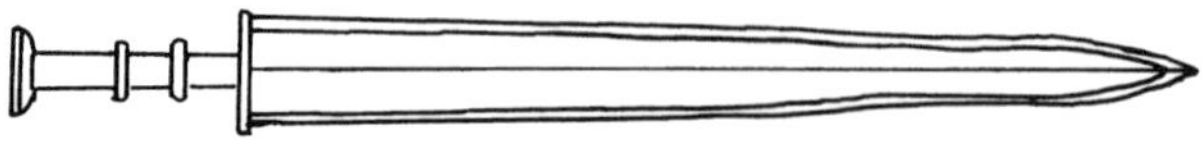

圖一〇　湖北江陵雨臺山戰國楚墓出土青銅劍

例十一 安徽望江窯頭村出土一柄劍[11]，通長 50～60 厘米（圖一一）。按照長度判斷，時代當在戰國早期。

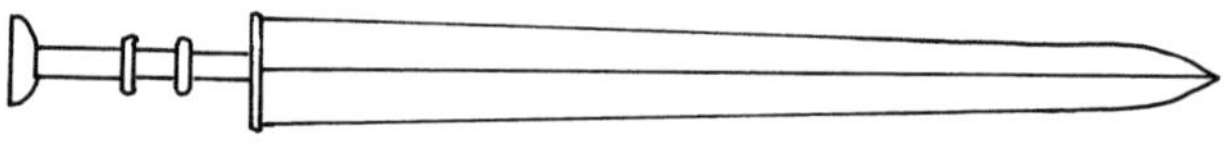

圖一一　安徽望江窯頭村出土戰國早期青銅劍

例十二 鎮江博物館藏一把[12]，爲江蘇省文物商店揀選。殘長 35.4、莖長 8、劍寬 4.8 厘米（圖一二）。圓實莖，近首處加粗，尖鋒殘斷，現修復完整。該劍格部漸粗，劍身較寬，報告中時代當在戰國中期左右。

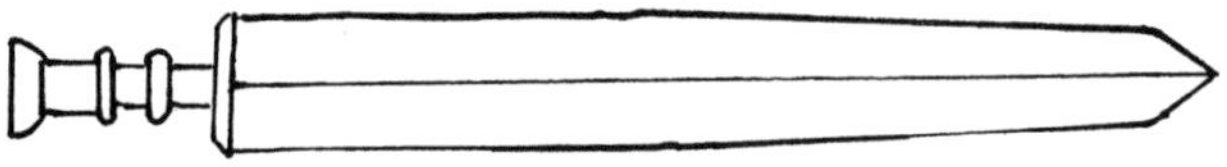

圖一二　鎮江博物館藏戰國中期青銅劍

例十三 吉林博物館藏先秦銅劍，標本 76 號[13]，殘長 36、殘莖長 3.8、格寬 4.2 厘米（圖一三）。斜直刃，劍身中部起脊，寬刃，尖鋒，兩從飾以折綫紋，窄横格，首已殘，留有一箍。報告中時代定爲戰國中期。

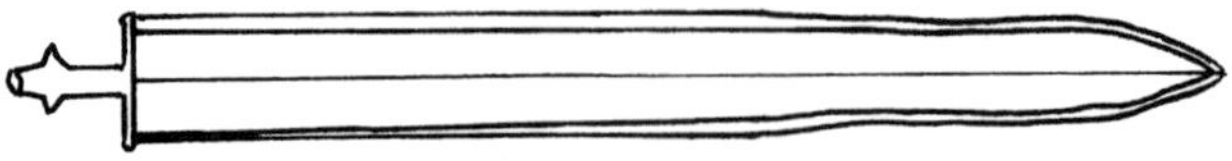

圖一三　吉林博物館藏戰國中期青銅劍

例十四 臺灣一藏家藏一柄冰裂紋劍[14]，長43、莖長8.8厘米，重480克（圖一四）。劍身出脊，兩從聚至前鋒，微束腰，一字型格，截面呈菱形，圓莖，莖上設箍，圓首。

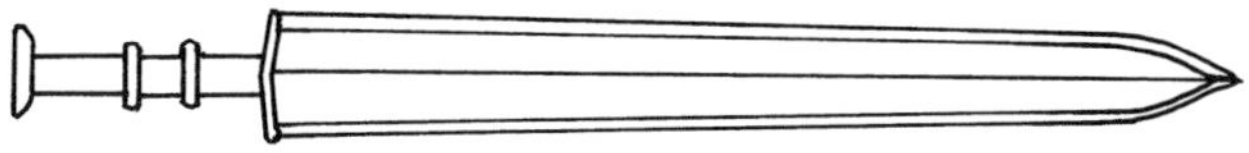

圖一四　冰裂紋青銅劍（臺灣私人收藏）

最後需要指出的是南陵吴王光劍[15]，該劍通長約50厘米（圖一五）。莖爲圓柱形，有兩道箍棱。臘窄，0.2厘米，無紋飾，劍身有脊。近臘處鑄有銘文兩行共十二字，陰刻篆書，初識爲“攻吴王光自乍（作）用劍以戰戉人”，因此名吴王光劍。在出土報告中載有兩道箍棱，但著録未見兩道凸箍，故而不是該類型之劍，不在討論範圍之内[16]。

圖一五　安徽南陵出土吴王光劍

結　論

本次收録一字格有箍式劍共計十五例，其中有出土記録的十一例，各地收藏四例。從總體上看該劍型出現於春秋時期，廣泛分布於吴地以及與吴國常年交戰的齊、楚、越之地。最早出土於吴越之地，形制初步形成於春秋前期，定型於春秋早期，完備於春秋中期，成熟於春秋晚期，到戰國時期形式没有太多變化，衹是在劍首等裝飾技巧上稍作豐富，戰國中晚期逐漸向南傳播。

該劍型變化規律可以概括爲：劍首從空首喇叭狀漸變爲實心圓盤首；劍莖從扁莖發展成圓莖；箍從單箍進化爲雙箍，從方箍演變爲圓箍；格部漸寬；

劍身從中脊起凸棱發展成爲綫形直脊，無鍔發展到有鍔。有箍和劍鋒尖端呈鋭利三角形以及一字型格成爲吴國一字格有箍式劍唯一不變的特徵。該類劍的長度大多在40厘米左右，最長者爲工吴王餘眜劍。截面呈菱形的一字型格爲接下來鑄接的劍格留出了位置。一字格有箍式劍是一字格劍向有格劍過渡性質的產物，是青銅劍從原始走向成熟的必然環節。

關於吴縣石公鄉消夏灣這類吴越早期劍的來源，李伯謙先生在《中原地區東周劍淵源試探》[17]一文中給我們提供了一個方嚮與思路，可參考浙江長興出土的西周早期空首劍。西周時期吴越出土銅劍并不多，蘇州虎丘茶花村亦出土一柄窄格空首劍（圖一六）。

圖一六　蘇州虎丘茶花村出土西周窄格空首劍

西周窄格空首劍，通長30.2、莖長7.4、身寬3.4、厚0.85厘米，蘇州虎丘茶花村出土。平脊，兩鍔微翹，邊斜收緩，在五分之四處開始折成鋒；身面微凸，略呈龜背形；剖面如小舟狀。劍身中部滿飾凸幾何形紋飾，上下套疊共27組；和鍔分界爲二凸綫。格寬4.2、厚0.7厘米，略呈人字形，中有“△”形突起；剖面呈菱形，劍身處格剖面的下半部。莖長7.3厘米，扁形内空；上闊下窄，中有收腰，邊呈弧綫，宜於握手，莖體上飾滿刻劃對稱的細綫條紋，莖中有柱脊，由上向下不及格，長4.8厘米。脊柱兩邊爲渦形雲紋，脊柱下爲對稱的圖案；從莖的整體看紋飾如變形獸面紋，下反相同。莖剖面爲橢圓形。

我們可以看到，該劍的劍身中部的幾何形紋飾，爲當時吴越青銅劍所未見。而1983年江西吴城遺址采集的一件青銅劍[18]，該劍劍身上的紋飾與蘇州茶花村劍身紋飾基本一致，時代定爲吴城二期（圖一七）。

而浙江長興劍與江西吴城1993年采集之矛也有着相似之處[19]（圖一八）。

圖一七　江西吳城出土青銅劍（1974QSW采:22）

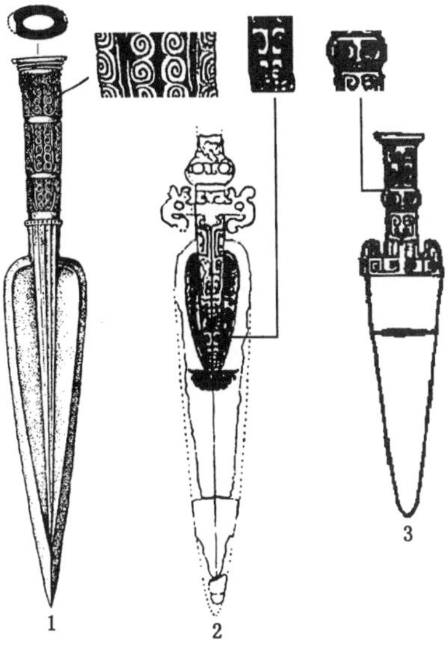

圖一八　吳城矛與吳越劍比較

1. 矛（1976QSW采:2）　2. 劍（浙江甌海M1:1）　3. 短劍（浙江長興出土）

吳城東距吳越中心區域不遠，特别是依靠長江等發達的水路，且有古隘口可以方便交通，在文化交流和傳播方面不會存在任何障礙。吳越早期青銅劍的形制不僅演變於吳城青銅矛[20]，更準確地説，吳城青銅劍這種源自於商代文明先進的青銅器鑄造技術，纔是吳越早期青銅劍的源頭。由於兩地出土該時期的兵器數量較少，這一論點還没有進行深入的討論，我們相信，隨着兩地出土文物的日益豐富，這一問題終究會得到圓滿的解決。

注　釋

[1] 葉玉奇《江蘇吳縣出土一批周代青銅劍》，《考古》1986 年第 4 期。

[2] 朱華東《皖南周代青銅劍初論》,《東方博物》第25輯，浙江大學出版社，2007年，第78頁。

[3] 吳山菁《江蘇六合縣和仁東周墓》,《考古》1977年第5期。

[4] 濰坊市博物館《濰坊市博物館徵集部分青銅兵器》,《文物》1986年第3期。

[5] 周緯《中國兵器史》，中國友誼出版社，2010年，第258頁。

[6] 同[3]。

[7] 王善才、吳曉松《湖北黃州國兒沖楚墓發掘簡報》,《江漢考古》1983年第3期。

[8] 陳千萬《湖北穀城縣出土"攻吳王䱷䥇此邻"劍》,《考古》2000年第4期。

[9]《山東泰安大河水庫出土青銅兵器》,《考古與文物》1996年第1期。

[10] 湖北省荊州地區博物館《江陵雨臺山楚墓》，文物出版社，1984年，第78頁。

[11] 宋康年《安徽望江窯頭村出土一批青銅兵器》,《考古》1987年第4期。

[12] 王玲《鎮江博物館藏吳國青銅劍及初步研究》,《東方博物》第49輯，浙江大學出版社，2013年，第78頁。

[13] 田麗梅《吉林省博物院藏傳世先秦青銅兵器初步整理》，吉林大學博士學位論文，2009年，第20~21頁。

[14] 南京博物院編《臺灣龔欽龍藏越王劍暨商周青銅兵器》，南京出版社，2003年，第130頁。

[15] 南陵縣文化館《安徽南陵發現吳王光劍》,《文物》1982年第5期。

[16] 圖片見安徽大學、安徽文物考古研究所《皖南藏商周青銅器》，文物出版社，2006年9月，第206頁。

[17] 李伯謙《中原地區東周劍淵源試探》,《文物》1982年第1期,。

[18] 黃水根《吳城出土商代青銅斧與青銅劍》,《南方文物》2004年第2期。

[19] 田偉《試論兩周時期的青銅劍》,《考古學報》2013年第4期。

[20] 孫華《古越閣藏先秦兵器劄記三則》,《商周青銅兵器暨夫差劍特展論文集》第10集，臺北歷史博物館，1996年。

“姑蘇”新考

——以新出青銅劍銘文爲基礎

程　義（蘇州博物館）

“姑蘇”一詞自春秋有“姑蘇臺”以來，不絶於文獻，隋文帝開皇九年（公元589年）改吴郡爲蘇州，也是因姑蘇山而得名。後來江寧府和蘇州府合并爲一個省級行政單位江蘇，也是取自二府之名。“姑蘇”一直作爲“蘇州”的代名詞，沿用至今，“姑蘇”一詞與蘇州可謂如影隨行。然“姑蘇”一詞究爲何義？淵源如何？古今學者雖有探討，因爲史料缺乏，尚未能達成統一意見。正如張敏先生指出：吴人爲“南蠻鴃舌之人”，吴國語言與中原語言有着較大的差異，加之吴國没有《乘》《檮杌》《春秋》和《竹書紀年》一類的史書，因此吴國的人名、地名都是不同時期、不同地域之人的記載，都是根據吴人讀音的文字記録，即音譯，對吴國地名牽强附會地進行義解，或蒼白無力，或自相矛盾；望文生義地强解吴國地名，必然導致吴國地名的研究撲朔迷離，甚至導入研究的誤區和盲區[1]。所以要解决這一問題，還得回到春秋時期吴國文獻和文物本身，本文即擬以新出吴國青銅劍銘文爲基礎，對此做一探討。

一　關於姑蘇的早期記載

“姑蘇”最早見於《荀子・宥坐篇第二十八》[2]、《韓非子・喻老第二十一》[3]，稍後又見於《國語》和《史記》《吴越春秋》和《越絶書》等文獻。《國語·吴語》：“越王勾踐乃率中軍泝江以襲吴。入其郭，焚其姑蘇。”[4]《國語·越語》：“吴王帥其賢良重禄以上姑蘇。……（范蠡）遂擊鼓興師，以隨使者至於姑蘇之宫。不傷越民，遂滅吴”。[5]《史記·越王勾踐世家》：“越遂復棲吴王於姑蘇之山。”[6]《史記·吴太伯世家》：“越因伐吴，敗之姑蘇。”[7]《吴越春秋·勾踐伐吴外傳》記載“遂受而起姑蘇之臺”[8]。《越絶書·記地傳》：“（句踐）滅吴，徙治姑胥臺。”[9]

在早期文獻中，“姑蘇”亦作“姑胥”，兩者相通。如勾踐滅吴，棲夫差於姑蘇山。姑蘇山在《國語》和《史記》中作“姑蘇之山”或“姑蘇”，在《吴越春秋》中則作“姑胥之山”。由此可見，姑蘇山即姑胥山。故宋范成大《吴郡志》卷十五載：“姑蘇山，一名姑胥，一名姑余。”同樣，姑蘇臺也就是姑胥臺。蘇字，大徐本《説文》作“素孤切”，《廣韻》作“素姑切”。胥字，《説文》《廣韻》均作“相居切”。“素”、“相”，皆屬心母。上古字少，多以同音字替代。姑蘇即姑胥，實爲寫法不同。

二　諸家舊釋及評議

將諸家舊釋做一歸納，不外勾吴之音轉、山名、鹽官、魚米之鄉等解釋，試歸納如下并作簡單評議：

1. 一説姑蘇是勾吴的音轉。勾吴是商末至春秋太湖周邊部族的名稱。《淮南子·覽冥訓》把姑蘇寫做“姑余”。《吴郡圖經續記》：“姑蘇山……或曰姑胥，或曰姑余，其實一也。”有人認爲，姑余即勾吴，蘇人讀“余”爲吴，勾爲無義的發語詞，因此，姑蘇山即“吴山”之意。張敏對吴國都城做了系列考查和研究，認爲姑蘇即勾吴[10]，鳩兹也是姑蘇的對音，并進一步指出秦漢時的郡治或侯國多爲春秋戰國時期的列國都城，兩漢時期在吴國範圍内的郡治或侯國有故鄣、丹楊（陽）、胡孰（湖熟）和丹徒。故鄣、丹楊、胡孰和丹徒亦同樣爲“句吴”的音譯[11]。陳其弟等人將姑蘇和工吴聯繫起來[12]，并引用了部分吴國青銅劍銘文，不無道理，不過“工吴”和“姑蘇”之間的語音關係恐怕難以簡單的通轉來解釋，且工吴已見於壽夢到餘昧時期之兵器上，而吴徙都姑蘇是闔閭時期。工吴作爲國名，在金文中很常見，是否需要再用另一種寫法來表示都城，且在工吴王之後王名前又出現了“姑讎”之類接近“姑蘇”的辭彙，所以此説可能還有修正的餘地。

2. 周生春認爲姑蘇、姑胥應作蘇山、胥山解。姑含山義，蘇、胥之前均冠以姑字，這在古代并非罕見。這類冠以姑字的倒裝式地名，《山海經》中尚有很多，如“姑繇之山”、“姑灌之山”、“姑射之山”、“姑逢之山”、“姑克之山”等。《左傳》中的“姑蔑”，《春秋》中的“姑蔑”以及姑孰等也都是現成的例子。姑作一般性地名的“山”字解釋，又可從隋人單取姑蘇之蘇字，改吴州爲蘇州而不作姑蘇州這一事例中得到印證。將一般性的地名，如山、城等放在整個地名的前面，這是現今中華民族的祖先之一，即幾千年前某個部族記地法的特點[13]。譚其驤、周振鶴對此提出了不同意見，認爲“姑”并無“山”之意，衹是吴越地名中常見的前發語詞，并無實際意義[14]。而李錦芳則從民族學的角度仔細分析了以“句、勾、交”開頭的地名，指出這些字同屬見母，韻部接近，讀音很近，同爲百越語村名詞頭譯音[15]。對姑字的作用問題，諸家有不同意見，但是可以肯定，不管它有無實際意義，它都是吴越地區人名和地名中非常常見的音節。這一解釋認爲姑蘇是因山而名，但山爲何而名？恐怕還有一個孰先孰後的問題，即究竟是臺以山而名，抑或山以臺而名？似乎尚無可信答案。

3. 姑蘇即姑胥，即姑余，并用音韻學的原理考釋出姑余即越語之朱余。“朱余”作爲越國地名的本義爲“鹽官”，而“余”又是“鹽”的意思，那麽最合於語言事實的分析就是“朱”的意思是“官”，即“官”字在古吴越方言中的記音符號。也就是説，我們先認定“朱余”是“官鹽”，而“官鹽”是“大名冠小名”的結構，倒過來就是“鹽官”[16]。此説借用了語言學研究成果，給我們提供了研究的新視角，但如此迂迴的解説，恐亦難令人信服。

4. “姑”爲吴語發語詞，没有意義，而“蘇”則爲魚米之鄉的描述。明代盧熊的《蘇州府志》即稱：“故胥臺，臺因山名，合作胥，今作蘇，蓋吴音聲重，凡胥須字皆轉而爲蘇，故後人直曰姑蘇。隋平陳，乃承其訛，改蘇州。或者謂胥與輸音相近，兵家不取，或又謂吴中魚禾所自出，蘇字兼之，故曰蘇。”此説看似圓滿，實際最爲臆斷。“蘇”字金文中多有之，從禾從魚，并無草頭，應爲會意字，即帶魚味的草本植物，即今之紫蘇、荏子之類，和稻禾之類并無關係。此説以今論古，并不足取。

5. 另一説據《紅蘭逸乘》引《潛夫論·邊議篇》云：“蓋胥者，舜臣名，佐禹治水有功，封於吴者也，太湖中有胥王廟，故名其地曰故胥，後世轉音爲姑蘇。”[17]此説未見於其他典籍，僅此孤證，且徵引皆爲傳説，可信度較低。

6. 再一説是“姑蘇我民”的簡括。據《紅蘭逸乘》引元代沈膺元《緝柳編》[18]：“姑蘇臺者，吴王齊玄所造也。……從兹以往，爾姑蘇我民乎。烏乎！罔違於余言。齊玄是起姑蘇之臺以志之。”[19]原意是説，吴王壁羽在對楚戰争中失利，耗盡民力，臨終時囑其子齊玄，暫且使民眾休養生息，即“姑蘇我民”，於是齊玄造姑蘇臺，表示不忘。查《史記》等文獻，吴王中并無壁羽與齊玄兩人，衹有屈羽與夷吾，《吴地記》雖有此二人，其時未有與楚作戰的記載。故此説近乎小説家言，似不可信。

三　新出青銅器銘文的啓示

前賢在討論吴地地名時引用了諸樊劍劍銘資料，這是一個正確的方嚮，可惜囿於舊的釋讀，未敢作進一步考證。我們認爲舊劍劍銘中所謂“姑發”一詞纔是姑蘇一詞的真正來源。該詞頻見於諸樊劍上，最近報導又見於兩件餘祭之劍。爲便於討論，先將諸劍銘文羅列如下（銘文無關論述者已改爲常用字，仍沿用舊名）：

1. 攻吴王諸樊戈（圖一）

安徽六安市九里溝鄉九里溝村第一輪窯廠春秋墓出土，皖西博物館藏[20]。胡部鑄銘文 11 字：“工吴王姑發者（諸）阪（樊）自作元用。”

2. 姑發者反之子通劍（諸樊之子通劍）（圖二）

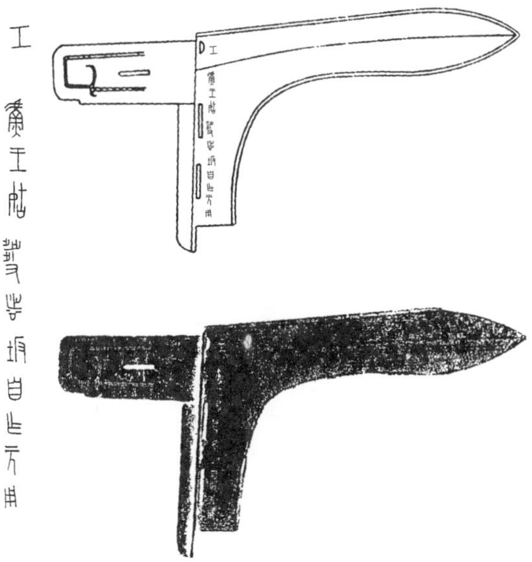

圖一　攻吴王諸樊戈摹本及拓本

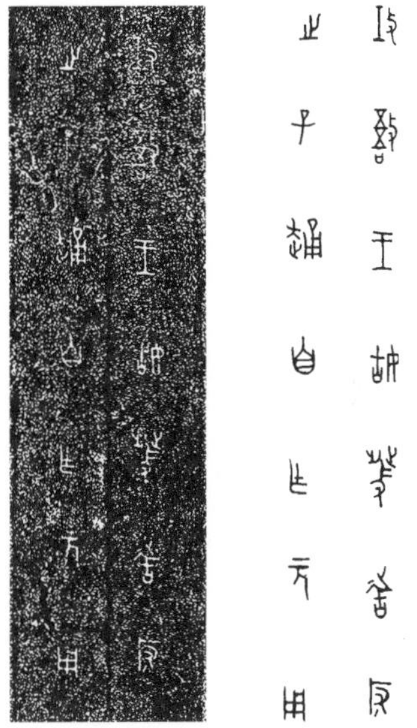

圖二　諸樊之子通劍銘文拓本及摹本

山東新泰市青雲街道周家莊東周墓出土，山東省文物考古研究所藏[21]。劍身鑄銘文 14 字：“工吴王姑𤼈（發）者（諸）反（樊）之子通自作元用。”

3. 攻吴王姑發邚之子劍（圖三）

湖北襄樊市襄陽縣余崗鄉陸寨村襄北農場新生磚瓦廠出土，湖北省文物考古研究所藏[22]。劍身鑄銘文 17 字：“工吴王姑𤼈（發）邚之子𣍘（曹）**䛗众嘏**（尋）**鼎**（員）自乍（作）元用。”

4. 攻吴王姑發**訾（習）**反之弟劍（圖四）

山西榆社縣城關鎮（今箕興鎮）三角坪出土，榆社化石博物館藏[23]。劍身鑄銘文 24 字：“工吴王姑發**訾（習）**反之弟子子□其後，宅（擇）厥吉金，以作其元用劍。”

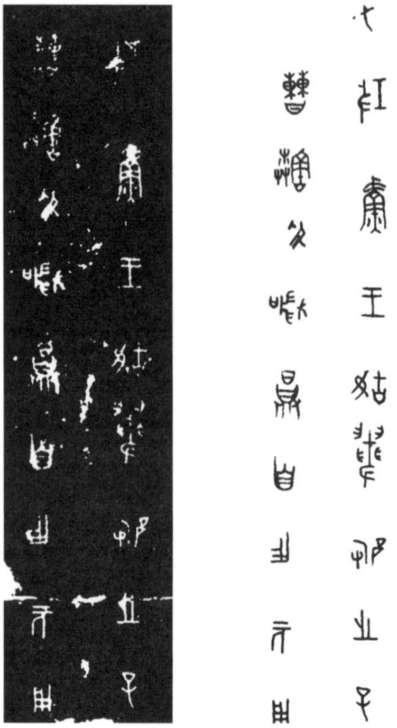

圖三　攻吴王姑發諸樊之子劍銘文拓本及摹本

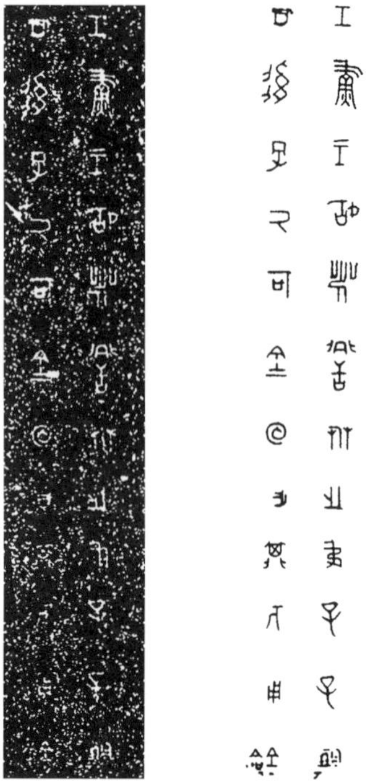

圖四　攻吴王姑發諸樊之弟劍銘文拓本及摹本

5. 攻吴太子姑發䛂（胥）反劍（圖五）

安徽淮南市八公山區蔡家崗趙家孤堆戰國墓出土，安徽博物院藏[24]。脊兩側有銘文35字（其中重文1、合文1）："工吴太子姑發䛂（胥）反，自作元用，在行之先，云（員）用云（員）獲，莫敢御余，余處江之陽，至於南行西行。"

6. 壽夢之子劍[25]

浙江紹興市越城區魯迅路出土，藏紹興越文化博物館。出土時斷成兩截，劍身鑄銘文40字："工吴王姑發䣄壽夢之子，𪊢𢦏郐之義□，初命伐□，有獲。荆伐郐

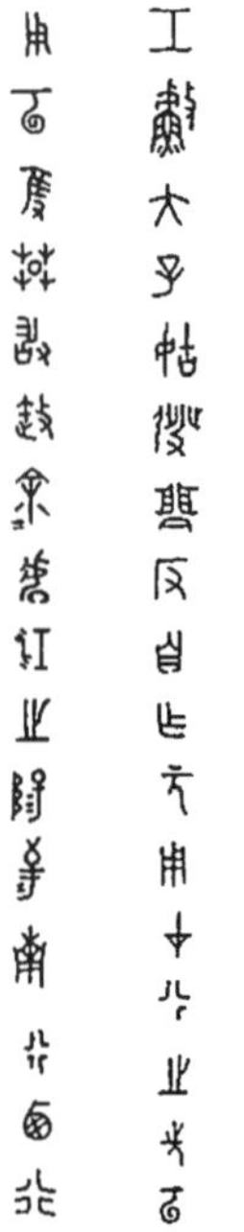

圖五　攻吴太子姑發諸樊劍銘文摹本

（徐），余亲（親）逆，攻之。敗三軍，獲車馬，攴七邦君。"

7. 壽夢之子劍（蘇州博物館徵集）[26]

銘文鑄在劍脊兩側，每側一行，共兩行，每行約38字，重文1，共計75字："工吳王姑讎烏雗曰：余壽夢之子；余，叡戗郐之嗣弟……"

在對上述劍銘的研究中，安徽博物院藏攻吳王太子劍銘文中"攻吳王姑"之後的字，商承祚最先釋讀爲"發"[27]。但在進一步解釋中將"姑"解釋爲"諸"就顯得有些生硬迂遠，對後幾字雖也做了解釋，但未能解釋"發"在此充當何種角色，籠統解釋爲"諸樊"。如果參考後來出土的幾件諸樊兵器，尤其是第二劍的銘文中的"工吳王姑𤼽（發）者（諸）反（樊）"，我們就不難發現，如果把"姑"解釋爲"諸"，則"𤼽（發）者（諸）"兩字就有重複的問題。進一步講，諸樊之"諸"爲"姑"，那麽餘眛名字中并未有"諸"，爲何他的名字前也有一個"姑"？這是一個需要重新思考的問題。因爲此前衹有諸樊諸器，所以并没有人進一步考查這一問題，此後諸家就以此爲準繩[28]。如曹錦炎在釋讀紹興魯迅路劍銘時，儘管銘文爲銹蝕覆蓋，露出部分和"發"字字形相去甚遠的情況下，也將該字推測爲"癹"[29]。

由於文物保存情況的局限及對舊釋的信從，所以大家一直都將此辭彙徑釋爲"姑發"，并認爲是諸樊的稱呼。但是仔細觀察前引七器，根據"姑"後一字的形制，可以分爲三組：第一組僅一劍，即第5劍工吳王大子劍，器主爲諸樊，不過做於諸樊爲大子（太子）時期，即壽夢時期，弓旁很清楚，劍銘隸定爲"姑䵊"，舊釋爲"姑發"；第二組共2器，即第1、3器，器主爲諸樊本人及其子弟，劍銘"姑"後一字并不從弓，但"又"上筆畫有短横，即爲"攴"，所以下部從"攴"，應隸定爲"姑𤼽；第三組共2劍，即第2、4劍，器主爲諸樊本人及其子弟，劍銘"姑"後一字并不從弓，應隸定爲"姑癹"。但這些字均被隸定爲"發"。文獻中"癹"多誤爲"發"，《説文解字注》在"癹"後已特别指出"發"亦"癹"之誤[30]；第四組，即第6劍、第7劍，劍銘隸定爲"姑讎"。發、癹、讎這三個字，在《説文解字》裏都有，分别爲：發，弓部，䠶發也，從弓癹聲，方伐切[31]；癹，此部，以足蹋夷草也，從癶從殳，春秋傳曰癹夷蕴祟之，普活切[32]；讎，言部，猶䧹也，從言雔聲，成臭切[33]。⿱癶支，《説文解字》未收入，按其構型，當從癶從支。

我認爲，這些都是“姑蘇”的早期稱呼和寫法。前五器這一辭彙都置於諸樊名字前，雖然第五劍“姑”後一字多出一“弓”旁，但其讀音應和其餘二組諸劍銘文此字之讀音相同，即“癹”。“癹”這個字的問題很複雜，甲骨文中即有之，諸家早有研究，對其音義也有很大的争議[34]。因爲在古文獻中出現的例子很少，所以其演化軌迹也很難尋覓。癹，《説文》注爲“此部，從癶從殳，普活切”。《轉注古音略》裏將“癹”和“𤼵”列在一起，注文：“毛詩鱣鮪𤼵𤼵，説文本作鱍，引詩云云，韓詩作鮁，像魚撥剌之狀，元無定字，籒文作癹。”[35]也就是説，這個字祇是作爲一個擬聲字，并且没有固定的字。那麽它的本義是什麽呢？《奇字韻》注“癹”道：“亦足踏夷草也，《説文》引《左傳》癹夷蕴祟之，今作芟夷。”[36]這個後來出現的“芟”字，極有可能替代了作爲“踏夷草”之義的“癹”。我們懷疑“癹”可能有兩個讀音，或後來的“癹”有兩個字源。本來，按照形聲字的發音的規律，癹應讀殳，但廣韻注爲“普活切”。那爲什麽又注爲“普活切”呢？前面分析字形時已經指出，被隸定爲“癹”的字有的從“殳”，有的從“支”。殳支互通這一現象已有學者做了研究[37]，因爲殳和支無論是字形還是含義都非常接近，在甲骨金文中就有互通的現象[38]，所以在隸化時就合二爲一，保留了從“殳”的字形。作爲形旁，互通没有問題，但作爲聲旁時就有了發音差别。癹字有兩個字源，也應該可能有兩個讀音，即從殳和從支。殳作爲聲旁，但讀音不同的例子我們可以找到幾例，如杸、芟、投，般，發接近“殳”的音，而潑、撥等字也含有“殳”這個元素，却發接近“支”的音[39]。《説文》在引《左傳》“癹夷蕴祟之”，小注即注明今癹作芟，讀衫。信陽楚簡、江陵楚簡、長沙楚帛書之“芟”[40]字字形和襄樊“工吴王姑發返之子”劍中姑字之後一字形極爲相近，祇是“止”的多少和位置略有差别。也就是説，癹和芟爲古今字，芟後來替代了讀殳的“癹”。簡而言之，從殳之癹，意爲以足踏夷草，引申爲芟刈雜草，讀音從殳，後被芟替代；從攴之癹，像魚撥剌水之狀，擬聲詞，讀音從攴，即普活切，後多作爲聲符使用。

查郭錫良《漢字古音手册》：上古音癹，并母月部；雔，禪母幽部，蘇，即穌，心母魚部。上古音殳，禪母侯部。芟，山母談部[41]。如“癹”從殳，則殳、雔同爲禪母可通。或讀作芟，山禪爲清濁，可通。如此一來，這個讀音和我們習見的姑蘇一詞非常接近。如果考慮到文獻是北方人按照聽到的語音用北方現成的字來記録南方辭彙的結果，而青銅器銘文則是南方人利用北方現成漢字來記録南方語音的結果，因此出現一些語音和音韻上的誤差當可理解。

所謂的“姑發”是吴國王室的姓氏名，這一觀點，曹錦炎在其論著中多次提及[42]，董珊表示懷疑，并指出需要進一步研究[43]。董珊指出魯迅路吴劍的“姑發”之“發”字字形殘泐，斷句和釋讀都有問題。對此劍銘文的誤釋部分我已做了校正[44]。實際上，如前所述，曹錦炎是過於崇信商承祚的舊釋，而未深入考察的結果。如果仔細辨别，魯迅路吴劍銘文所謂“發”字的左側爲一鳥形，非常明顯，而“發”字左上側應爲“止”，這個字就是蘇州博物館新入藏餘眜劍上之“雔”字。諸樊諸器“姑”後一字的讀音都歸爲“殳”音。顯然這幾個字和“蘇”的讀音極爲接近，加之音韻上的通轉關係，認定所謂的“姑發”和“姑雔”即“姑蘇”的早期寫法當是可信的。“姑雔”寫做“姑蘇”如“工吴”寫做“勾吴”一樣，是北方人以音讀記載南方辭彙的結果，并沿用至今。姑雔一詞在銘文中均置於工吴王之後，而在人名如諸樊、餘眜之前，所以這個辭彙衹可能是姓氏或部族專名，而不可能是稱謂專名。

無論吴越本來是不是一個民族[45]，但是吴人南遷後受到越文化的影響是可信的。《吕氏春秋·知化篇》記伍員説：“夫齊之與吴也，習俗不同，言語不通，……夫吴之與越也，接土鄰境，壤交通屬，習俗同、言語通。”吴人的一些地名人名還可根據越人的一些特點來做參考。越王勾踐之子劍銘中做

“者旨於賜”，曹錦炎考證“者旨”爲越王姓氏[46]。者旨即諸稽，也就是現在的諸暨。由是，者旨既是越王的姓氏，也是後來越國國都的稱呼。李錦芳指出在越語所屬壯侗語及相關語言，没有發現與“朱”“無”等字音近的地理實體稱謂，因此作地名冠首字的“朱、諸、都、無”的含義衹能按作人名冠首字時的含義理解，即“官、首領”，這類地名因某首領、某官據有而得名，亦爲地因人得名[47]。故《太平御覽》引《風俗通義》云：命氏之法，或氏於號，或氏於謚，或氏於爵，或氏於國，或氏於官，或氏於字，或氏於居，或氏於職。這是後人根據姓氏推測出來的一些命氏規律，實際上也有以姓氏命所居的情形，我們現在習見的地名“某家村”“某集”“某堡”之類，就是先有人居住，後以某一家族的姓氏命名所居住的村落，纔有地名。張學鋒指出他們或許將自己居住的中心區域稱爲 kiwo siwo（居巢）或與之相近的音，鳩兹、姑孰、姑蘇、姑胥等音均與之相同或相近[48]。姑蘇、諸暨等地名正是因爲王室姓氏或部族名而得名。

四 結論

綜上所述，“姑蘇”一詞的本意是吴國王室的姓氏或部族名，後來演變爲吴國都城的地名專稱，在青銅劍銘文中寫做“姑發”“姑讎”及舊釋的“姑發”，均應讀作“姑殳”，在北方人的記載中被以音讀記爲“姑蘇”，而沿用至今。

注 釋

[1] 張敏《鳩兹新證——兼論西周春秋時期吴國都城的性質》，《東南文化》2014 年第 5 期。

[2] 荀况撰，王先謙集解，沈嘯寰、王星賢點校《荀子集解》，中華書局 1988 年，第

526 頁。

［3］韓非子撰、王先慎集解、鍾哲點校《韓非子集解》，中華書局，1998 年，第 164 頁。

［4］徐元誥撰《國語集解》，卷十九，中華書局，2002 年，第 546 頁。

［5］同［4］，卷二十一，第 586 頁。

［6］《史記》，中華書局，2013 年，第 2093 頁。

［7］同［6］，第 1765 頁。

［8］趙曄《吴越春秋》，江蘇古籍出版社，1999 年，第 141 頁。

［9］李步嘉《越絶書校釋》，中華書局，2013 年，第 223 頁。

［10］張敏《吴國都城初探》，《南方文物》2009 年第 2 期。

［11］同［1］。

［12］陳其弟《姑蘇漫議》，《江蘇地方志》2013 年第 5 期。

［13］周生春《 姑蘇考》，《杭州大學學報》1979 年第 1 ~ 2 期。

［14］譚其驤《姑蘇新解》，《杭州大學學報》1979 年第 4 期；周振鶴：《古越語地名初探——兼與周生春同志商榷》，《復旦大學學報》1980 年第 2 期。

［15］李錦芳《百越地名及其文化蘊意》，《中央民族大學學報》1995 年第 1 期。

［16］王玨《姑蘇新解與上古見章系互諧》，《蘇州大學學報》1996 年第 1 期。

［17］楊循吉《吴中小志叢刊》，廣陵書社，2004 年，第 121 頁。

［18］此書顧頡剛《蘇州史志筆記》曾引用，據錢大昕《補元史藝文志》，該書爲元吴興沈麿元編，沈氏生平未詳，内容多爲志怪奇談，已佚。

［19］同［17］，第 112 頁。

［20］此器最先報導於《文物研究》第 13 輯第 320 頁，後收入《新收殷周青銅器銘文暨器影》器號 1312。

［21］任相宏《吴王諸樊之子通劍及相關問題探討》，《中國歷史文物》2004 年第 5 期。

［22］朱俊英、劉信芳《工吴王姑發反之子曹鮕劍銘文簡介》，《文物》1998 年第 6 期。

［23］曹錦炎《吴季子劍銘文考釋》，《文物》1990 年第 2 期。

［24］安徽文化局文物工作隊《安徽淮南市蔡家崗趙家孤堆戰國墓》，《考古》1963 年第 4 期。

［25］曹錦炎《吴王壽夢之子劍銘文考釋》，《文物》2005 年第 2 期。

[26] 程義、張軍政《蘇州博物館新入藏吴王餘眜劍初探》,《文物》2015 年第 9 期。

[27] 商承祚《姑發䜌(胥)反即吴王“諸樊”别議》,《中山大學學報》1963 年第 3 期。

[28] 董珊《吴越題銘研究》表二諸樊異名中所列泰安劍、襄陽劍“姑”後一字不從“弓”,但仍沿用了“姑發”,科學出版社,2014 年,第 11 頁。

[29] 曹錦炎《新見工吴王姑發皮難劍銘文及其相關問題》,復旦大學出土文獻與古文字研究中心編《出土文獻與古文字》第 6 輯,上海古籍出版社,2015 年,第 143 ~ 151 頁。

[30] 許慎撰、段玉裁注《説文解字注》,二篇上葉四十一,上海古籍出版社,1998 年。

[31] 同 [30],十二篇下葉六十。

[32] 同 [30],二篇上葉四十、四一。

[33] 同 [30],三篇上葉八。

[34] 古文字詁林編委會《古文字詁林》第 2 册,上海教育出版社 2000 年,第 259 ~ 260 頁。

[35]《轉注古音略》卷五,載《四庫全書經部小學類韻書屬》。

[36]《奇字韻》卷五,載《四庫全書經部小學類字書屬》。

[37] 陳爽《説殳兼論漢字中的殳旁來源》,《華夏文化論壇》第 10 輯,特别是第 1 頁注釋 3,指出古文字中手持某物之形,後世往往演變爲殳;吴潔:《從“殳”字説起——淺談形聲字孳乳現象與形聲字聲符表音“傳代”的關係》,《井岡山學院學報》2006 年第 5 期。

[38] 關於殳、支互通的例子可參看容庚《金文編》、高明《古文字類編》等字書殳部和攴部,即可明瞭。

[39] 此點唐建垣已經注意到,見《古文字詁林》第 2 册,第 260 頁。

[40] 曾憲通《長沙楚帛書文字編》,中華書局,1993 年,第 111 頁。

[41] 郭錫良《漢字古音手册》,北京大學出版社,1986 年,第 24、174、102、98、189 頁。

[42] 曹錦炎《吴王壽夢之子劍銘文考釋》,載《吴越歷史與考古論叢》,文物出版社,2007 年,第 14 ~ 26 頁;氏著《從吴國兵器再論吴王名》,載《古文字與古代史》第 3 集,臺北“中央研究院”歷史語言研究所,2012 年。本應改寫做“姑發”,但

爲行文方便，沿用舊釋。

[43] 董珊《吴越題名研究》，科學出版社，2013年，第96頁。

[44] 同[26]。

[45] 毛穎、張敏等先生認爲吴人的祖先可能是淮夷，後遷入江南。參見氏著《長江下游的徐舒與吴越》，湖北教育出版社，2005年；張學鋒先生認爲吴越不是一個民族，但南遷後受越的影響很大，參見氏著《吴國歷史的再思考》，載《蘇州文博輯刊》2011年。

[46] 曹錦炎：《越王姓氏新考》，載《吴越歷史與考古論叢》，文物出版社，2007年，第139~142頁。

[47] 同[15]。

[48] 張學鋒：《吴國歷史的再思考》，載《蘇州文博輯刊》2011年。張先生將吴國地名分爲三類：甲類鳩兹、姑蘇，讀音kuo siwo；乙類：固城、葛城、吴城，以國號工吴或勾吴爲基本讀音；丙類：闔閭城，以建造者爲名。

淺談先秦兩漢時期的吴越地名

張　敏（南京博物院）

先秦兩漢時期吴越地名的考證，是吴越文化研究的重要内容之一。

先秦時期的地名既有“華夏地名”，也有“非華夏地名”。華夏地名即“原生地名”，而非華夏地名皆爲音譯的“次生地名”。

兩周時期的吴國和越國屬華夏文化圈之外的蠻夷，吴越地名皆爲非華夏地名，皆爲次生地名。

非華夏的吴越地名除次生地名之外，還有“前置式複合地名”和“尾碼式複合地名”。

因此在吴越地名的考證與研究中，不觽解“華夏地名”和“非華夏地名”，不理解“原生地名”和“次生地名”，不瞭解“前置式複合地名”和“尾碼式複合地名”，往往會陷入吴越文化研究的誤區和盲區。

現以吴國地名鳩兹、朱方、固城、姑蘇和越語地名無錫、蕪湖爲例，談談對先秦兩漢時期吴越地名的膚淺認識，不當之處，尚乞方家斧正。

一　吴國地名淺談

吴國地名的考證當屬吴國文化的研究範疇，在對吴國地名進行考證或研究時，應將吴國地名植入西周—春秋的時代背景中進行考察，應將吴國地名植入吴國的文化背景中進行研究。

我國古代對於少數民族的族名、國名和人名都是采取音譯。

音譯的地名衹可音訓而不可義解，但對這一常識缺乏認識或十分茫然者大有人在。如蕪湖地方學者編寫的《蕪湖市志》《蕪湖縣志》《蕪湖古今》《蕪湖文化叢書》《蕪湖通史》《鳩史鈎沉》《蕪湖之謎》中都異口同聲地將蕪湖古稱鳩兹的由來稱作“春秋時因湖沼一片，鳩鳥繁多，所以名鳩兹”，“鳩兹就是‘鳩鳥滋生’的意思，鳩兹因地勢低窪，鳩鳥雲集而得名”。

《漢書·西域傳》記載春秋至西漢時期西域有烏孫、龜兹、匈奴、婼羌、樓蘭、且末、精絶、戎盧、扜彌、渠勒、于闐、難兜、大月氏、罽賓、安息等三十六國。爲什麼没有人認爲“烏孫”就是“烏龜的孫子”、“龜兹”就是“烏龜滋生”呢？因爲大家都知道這些西域的國名是音譯。

爲什麼會認爲“鳩兹”就是“鳩鳥滋生”呢？因爲很多人不知道、也不理解吴國人是華夏民族之外的少數民族，吴國是蠻夷之地，吴國民衆是蠻夷之民，因此吴國的地名、人名也是中原人根據吴人的讀音采用中原文字的記録，也同樣是音譯，因爲西周—春秋時期的中原民族是由華夏和東夷的主體構成的華夏民族并形成華夏文化圈，華夏民族和華夏文化圈之外都是少數民族。

戰國時期諸侯國之間相互兼并開始了民族的大融合；秦始皇的“書同文”和漢武帝的“獨尊儒術”從制度上和思想上爲民族融合創造了條件，秦漢時期華夏民族與周邊少數民族逐漸融合而形成漢民族，逐漸形成了包括華夏、東夷、苗蠻、百越在内的漢民族和漢文化圈。

由於西域至今也未融入漢民族和漢文化圈，所以很容易理解西域的地名是音譯；而吴越故地和吴越民衆隨着秦漢帝國的統一而逐漸融入漢民族和漢文化圈中，因此便想當然地認爲西周—春秋時期吴國人也屬華夏文化圈中的華夏民族。

武王建立西周王朝後，實行分封。周王族的封國有晉、燕、魯、衛、管、蔡等，功臣的封國有齊，夏商遺族的封國有陳、宋等；而已割據一方、既成事實的吴國也予以分封，《史記・吴太伯世家》："是時周武王克殷，求太伯、仲雍之後，得周章。周章已君吴，因而封之。……列爲諸侯。"

春秋時期，各諸侯國多置史官。《漢書・藝文志》："古之王者世有史官。君舉必書，所以慎言行、昭法式也。左史記言，右史記事，事爲《春秋》，言爲《尚書》，帝王靡不同之。"

《春秋》是記載魯國歷史的史書。《孟子・離婁下》："晉之《乘》，楚之《檮杌》，魯之《春秋》，一也。"由此我們知道，晉國的史書名《乘》，楚國的史書名《檮杌》，魯國的史書名《春秋》。

《左傳》是《春秋》的"傳"，也是我國第一部叙事詳細的編年史著作。《左傳》不但記載魯國的歷史，而且還兼記各國的歷史，鳩兹、朱方、固城等吴國地名就是因爲有了《左傳》的記載纔得以流傳至今。

吴國在春秋時期被稱爲蠻夷或夷蠻。《左傳》成公七年："春，吴伐郯，郯成。季文子曰：'中國不振旅，蠻夷入伐，而莫之或恤，無吊者也夫！'"《吴越春秋・吴王壽夢傳》："壽夢元年，朝周，適楚，觀諸侯禮樂。魯成公會於鍾離，深問周公禮樂，成公悉爲陳前王之禮樂，因爲咏歌三代之風。壽夢曰：'孤在夷蠻，徒以椎髻爲俗，豈有斯之服哉！'"

"蠻夷"或"夷蠻"，都是我國古代泛指中原華夏民族以外的少數民族。華夏民族與華夏以外的少數民族不僅在宗教信仰、社會習俗、政治體制、經濟文化等方面存在較大的差異，而且在語言上存在着巨大的差異，吴國語言即被稱爲"夷言"，《左傳》哀公十二年："衛侯歸，效夷言。"杜預注："夷言，吴語。"

吴國語言在史籍中不見記載，但吴國和越國相鄰，語言相同或相近。《吕氏春秋・知化》："吴王夫差將伐齊，子胥曰：'不可。夫齊之與吴也，習俗不同，言語不通，我得其地不能處，得其民不得使。夫吴之與越也，接土鄰境，壤交通屬，習俗同，言語通。我得其地能處之，得其民能使之。越於我亦然。'"

雖然吴國語言不見記載，但吴越“習俗同，言語通”，記載越國語言的有《維甲令》和《越人歌》，通過越國語言可從一個側面瞭解吴國的語言。

《維甲令》是越王句踐發布備戰伐吴的戰争動員令，是一篇十分罕見的用漢字記録古越語的歷史學和語言學文獻，因此《維甲令》是十分珍貴的古越語資料。

《越絶書·吴内傳》：“越王句踐反國六年，皆得士民之衆，而欲伐吴。於是乃使之維甲。維甲者，治甲系斷。修内矛赤雞稽繇者也，越人謂入‘鍛’也。方舟航買儀塵者，越人往如江也。治須慮者，越人謂船爲‘須慮’。亟怒紛紛者，怒貌也，怒至。士擊高文者，躍勇士也。習之於夷。夷，海也。宿之於萊。萊，野也。致之於單。單者，堵也。”

《方言》卷九：“舟，自關而西謂之船，……東南丹陽會稽之間謂艖爲欚。”西漢時期東南的丹陽郡與會稽郡之間即吴越之間。

越人將船讀作“須慮”，吴越之間將舟讀作“欚”。吴越語言有疾讀與緩讀之分，“須慮”爲緩讀，“欚”爲疾讀。慮，來母、魚韻，欚，來母、支韻。“欚”與“慮”聲同韻近，“須慮”與“欚”應是不同時期、不同地域的人對古越語“舟”、“船”的記音，“欚”即“須慮”。

西漢劉向《説苑·善説》：“會鐘鼓之音畢，榜枻越人擁楫而歌，歌辭曰：‘濫兮抃草濫予昌枑澤予昌州州𩜱州焉乎秦胥胥縵予乎昭澶秦逾滲惿隨河湖。’鄂君子皙曰：‘吾不知越歌，子試爲我楚説之。’於是乃召越譯，乃楚説之曰：‘今夕何夕兮搴舟中流，今日何日兮得與王子同舟。蒙羞被好兮不訾詬耻，心幾頑而不絶兮得知王子。山有木兮木有枝，心説君兮君不知。’於是鄂君子皙乃揄修袂，行而擁之，舉繡被而覆之。”

《越人歌》既是中國第一首譯詩，也是迄今所知最完整的一首越國民歌。《越人歌》不僅完整地記載了古越語，而且有完整的漢語對譯。

通過《維甲令》和《越人歌》，可見吴越語言與中原語言存在着巨大的差異；通過《越絶書》與《方言》，可見吴越語言是相通的。

春秋時期的吴國雖然有語言，但没有《春秋》《乘》《檮杌》和《竹書紀年》一類的史書，因此有關吴國的地名，都是首先見於北方人的記載，都是北方人根據吴人的讀音而采用中原文字記録的吴國地名，因而都屬音譯。

吴國的國名爲句吴，吴國的都城也名句吴。《吴越春秋・吴王壽夢傳》："太王改爲季歷，二伯來入荆蠻，遂城爲國。""遂城爲國"即"句吴"既是吴國的國號，亦爲吴國的國都。據《世本》《史記》《越絶書》和《吴越春秋》記載，太伯的都城名句吴、故吴；壽夢的都城名句吴；諸樊與闔廬的都城名吴。吴國都城雖多次遷徙，但如商王朝的都城數遷仍稱"亳"、蔡國都城數遷仍稱"蔡"、楚國都城數遷仍稱"郢"一樣，吴國都城數遷仍稱"句吴"、"故吴"或"吴"。

除句吴、故吴、吴之外，見諸史籍的吴國地名還有"鳩兹"、"朱方"、"固城"和"姑蘇"。

《左傳》襄公三年（公元前570年）："春，楚子重伐吴，爲簡之師，克鳩兹，至於衡山。"

《左傳》昭公四年（公元前538年）记載，楚子"使屈申圍朱方，八月甲申，克之"。

《左傳》昭公十三年（公元前529年）："越大夫常壽過作亂，圍固城，克息舟，城而居之。"

《荀子・宥坐》："吴子胥不磔姑蘇東門外乎？"《韓非子・喻老》："句踐入宦於吴，身執干戈爲吴王洗馬，故能殺夫差於姑蘇。"《史記・吴太伯世家》："越因伐吴，敗之姑蘇。……二年（公元前494年），吴王悉精兵以伐越，敗之夫椒，報姑蘇也。"

鳩兹、朱方、固城、姑蘇都是音譯，都是"句吴"的同名異譯。對於音譯的地名，衹可音訓而不可義解，儘管文字的訓詁有形、音、義三端。

音訓即以"因聲求義"辨其文義，以"雙聲疊韻"别其通假。因聲求義是通過語音去研究詞義，是傳統訓詁方法之一；雙聲疊韻的雙聲即雙音節詞中兩個字的聲母相同，疊韻即雙音節詞中兩個字的韻母相同。

因此對於音譯的吴國地名，應因聲求義辨其文義，以雙聲疊韻别其通假，需進行聲母和韻母的比較。

句吴，句，見母；吴，魚韻。

鳩兹，鳩，見母；兹，之韻。鳩兹與句吴聲同韻近，鳩兹即句吴。

朱方，《世本・居篇》：“姑之言諸也，《毛詩傳》讀姑爲諸。”朱、諸上古皆章母，朱當讀作姑，見母；方，陽韻。魚陽陰陽對轉，朱方與句吴聲同韻轉，朱方即句吴。

固城，“固”是“夷語”的音譯，漢語“城”是“固”的尾碼，固城是尾碼式複合地名。固，見母，魚韻，固與句吴雙聲疊韻，固即句吴的疾讀，亦即句吴。

先秦時期的吴越地名中，既有前置式複合地名，也有尾碼式複合地名。前置式複合地名一般前置名詞或形容詞對譯名的詞性或詞義加以限制。《越絶書・記地傳》：“姑中山者，越銅官之山也，越人謂之銅姑瀆”，姑瀆之義爲山，“銅”作爲姑瀆的前置對音譯的“姑瀆”的詞義進行限制，從而構成前置式複合地名。

尾碼式複合地名一般尾碼名詞，用尾碼名詞的形式表明譯名的詞性或詞義，即尾碼的名詞與譯名的詞性、詞義相同，“固”的詞性、詞義即與“城”相同[1]。

姑蘇，姑，見母，蘇，魚韻。姑句雙聲，蘇吴疊韻，“姑蘇”與“句吴”雙聲疊韻，姑蘇即句吴。

可見鳩兹、朱方、固城、姑蘇都是吴國都城句吴的同名異譯，都是吴國的都城。

同名異譯的現象不僅在地名中出現，在吴國的人名和器名中也屢見不鮮：《史記》記載的音譯的吴國世系自周章以下有熊遂、柯相、彊鳩夷、餘橋疑吾、柯盧、周繇、屈羽、夷吾、禽處、轉、頗高、句卑、去齊、壽夢、諸樊、餘祭、餘昧、僚、闔廬、夫差，但吴國人名在不同的文獻中的音譯與《史記》有所不同，如壽夢作乘（《春秋》）、作孰姑（《世本》）；諸樊作遏（《春秋》）、作謁（《公羊》）；餘祭作句余、作戴吴（《左傳》）；餘昧作夷末（《春秋》）；僚作州于（《左傳》）；闔廬作闔閭（《吴越春秋》）等。相異的吴國人名皆爲不同時期、不同地域的人對同一吴國人名的音譯，而不同的時間和空間必然導致語言的差異，因而出現吴國人名的同名異譯，即同人異名。

《左傳》哀公十一年："王聞之，使賜之屬鏤以死。"《荀子・成相》："恐爲子胥身離凶，進諫不聽，剄而獨鹿棄之江。"楊倞注："獨鹿與屬鏤同，本亦或作屬鏤，吴王夫差賜子胥之劍名。""屬鏤"與"獨鹿"亦屬同名異譯，即同器異名。

根據因聲求義辨其文義、雙聲疊韻别其通假，鳩兹、朱方、固城、姑蘇都是句吴的音譯，因此鳩兹、朱方、固城、姑蘇都是不同時期、不同國别的北方人對"句吴"的音譯，都屬同名異譯。

《左傳》中，除鳩兹、朱方和固城外，還記載了一個吴國地名"邗"。

《左傳》哀公九年（公元前486年）："秋，吴城邗，溝通江淮。"邗國地處江淮之間，亦稱干。《管子・小問》："昔者吴、干戰，未齓不得入軍門。國子擿其齒，遂入，爲干國多。"邗國爲吴所滅，吴城邗之際，邗早已屬吴。

邗原爲邗都，吴爲了北上伐齊，遷都江北，開鑿邗溝。《左傳・莊公二十八年》："凡邑有宗廟先君之主曰都，無曰邑。邑曰築，都曰城。"邑曰築，都曰城，其義自明。"吴城邗"之"邗"沿用了邗都的原名，"邗"亦爲吴都。

西周—春秋時期的吴國是一個野蠻而落後的軍事獨裁政權的國家，由於吴國社會的人群組織是軍事化的二元結構，吴國的職官體系中衹有中央職官而没有地方職官，因此吴國衹有一級行政建制——"都"。

由於戰争的原因，吴國都城在不斷地遷徙，然而無論是東遷還是南徙，吴國都城皆名句吴，"鳩兹、朱方、固、姑蘇"都是句吴的音譯，包括"邗"在内，吴國所有見諸文獻的城都是"都"或"廢都"。

二　古越語地名淺談

秦漢時期的古越語地名較多，據《越絶書》《漢書・地理志》《吴越春秋》等文獻的記載，古越語地名有無錫、蕪湖、烏程、烏傷、餘杭、餘姚、餘暨、餘不、餘瞿、餘支、于越、於潛、夫椒、句章、句容、句甬、句無、句注、句余、姑蔑、姑熊夷、姑末、諸暨、會稽等，而"無錫"與"蕪湖"代表了古越語地名中的兩個不同類型。

無錫是戰國至秦漢時期出現的地名，最早見於《史記・東越列傳》："東越將多軍，漢兵至，棄其軍降，封爲無錫侯。"據《越絶書・吴地傳》記載，地名無錫出現在楚幽王封春申君於吴之時；《漢書・地理志》："會稽郡，秦置。……無錫，有歷山，春申君歲祠以牛。莽曰有錫。"

無錫爲古越語地名，即古越語的音譯，王莽改"無錫"爲"有錫"，可見兩漢之際已不知其義了。"無"爲古越語的發語詞，"錫"當爲早已不知其義的古越語，因此，後世有關無錫的種種義解皆爲無稽之談。

蕪湖亦作無，是秦漢時期出現的地名，《越絶書・吴地傳》："烏程、餘杭、黝、歙、無湖、石城縣以南，皆故大越徙民也。秦始皇帝刻石徙之。"《漢書・地理志》："丹揚郡，故鄣郡。屬江都。……縣十七：宛陵，彭澤聚在西南。清水西北至蕪湖入江。……蕪湖，中江出西南，東至陽羨入海，揚州川。"

蕪湖雖亦爲古越語的音譯，但蕪湖在諸多越語地名中可能是一個特例，"蕪湖"可能與"固城"類似，在音譯的譯名後加上漢語，構成譯名加漢語的尾碼式複合地名，即"蕪"是古越語的音譯，"湖"是音譯越語的尾碼，即漢語"湖泊"之義。

尾碼式複合詞組一般尾碼名詞，用尾碼名詞的形式表明譯名的詞性或詞義，即尾碼的名詞與譯名的詞性、詞義相同。既然"湖"爲"蕪"的尾碼，那麼“蕪”的古越語詞義就是“湖”。

長江以南有雲夢（洞庭湖）、彭蠡（鄱陽湖）、丹陽（丹陽湖）和具區（太湖）四大澤，丹陽大澤是丹陽郡内的第一大湖。唐以後丹陽大澤逐漸萎縮或湮没，今蘇皖交界處的天成湖、丹陽湖、石臼湖、固城湖等大小湖泊都是古丹陽湖的殘留。

“蕪”可能爲越語丹陽大澤的專名，即先秦時期越人可能稱古丹陽湖爲“蕪”，秦漢時期譯爲尾碼式複合地名“蕪湖”，并以湖名縣。

與固城不同的是，固城可以肯定爲尾碼式複合地名，而蕪湖則可能是尾碼式複合地名。

在秦漢時期吴越納入漢民族和漢文化圈後，仍有大量的古越語地名，與先秦時期一樣，在音譯的古越語地名中，仍有少量的尾碼式複合地名，“蕪湖”可能就是尾碼式複合地名。

三　簡短的結語

先秦時期的古地名可分爲原生地名與次生地名，華夏地名爲原生地名，非華夏地名皆爲次生地名。

音譯的地名屬次生地名，音譯的地名衹可音訓而不可義解。

吴越地名皆爲非華夏地名，吴越地名除次生地名外，還有前置式複合地名與尾碼式複合地名。

吴越地名的研究應在西周—春秋時期的社會環境中進行考察，應在吴越的國家性質中進行考察，應在吴越語言的語境中進行考察。

不瞭解了西周—春秋時期的社會環境、不瞭解吴越的國家性質、不瞭解古越語的語境，僅根據字面對吴越地名作望文生義的義解或牽强附會的强解，必然導致吴越地名研究的撲朔迷離，甚至導入研究的誤區和盲區。

注　釋

[1] 前置式複合詞組和尾碼式複合詞組在現代譯名中仍采用，前置式複合詞組如大巴（bus）、小布希（Bush）等；尾碼式複合詞組如啤酒（beer）、吉普車（jeep）、T恤衫（T－shirt）、比薩餅（Pizza）等。

重温吴文化

錢公麟（蘇州博物館）

對任何一種先秦文化的研究都不可能一蹴而就，往往都是先賢導師們智慧的付出，開創性地啓迪着後學一步步地攀登，吴文化的研究也是如此。

1936年8月，在上海成立的《吴越史地研究會》是開創了吴文化研究的先河，而1954年6月在江蘇丹徒縣煙墩山出土的“宜侯夨簋”[1]是寧鎮地區吴文化的始作俑者。此器的出土在當時引起了學術界的轟動，研究、考釋、撰文之學者甚多，如郭沫若、唐蘭、陳夢家等，尤其是唐蘭先生在《宜侯夨簋考釋》中說：“它是吴國最早的銅器，而且是在吴地發現的。”[2]雖然對此有相左之見，但隨着寧鎮地區的青銅遺存的相繼發現、考古工作的蒸蒸日上，20世紀80年代初，江蘇省吴文化研究會在鎮江成立。而且在1981～1986年六年中先後召開六次吴文化學術研討會，盛况空前。寧鎮地區是吴文化的發祥地，其地出土的青銅器均冠名爲“吴國青銅器”。更者，一些大墓都考證爲吴王墓，肖夢龍《吴國王陵區初探》[3]一文隨之發表：似乎一切都順理成章，吴文化研究成果纍纍。更有甚者，一些史學工作者，以編抄爲嗜好的，對吴文化進行了歸納總結：馬橋文化——先越文化、湖熟文化——先吴文化。而大衆性的泛吴文化研究更是風起雲湧[4]。

而文獻史料似乎和上述的看法相悖，又是怎麼回事?《漢書·地理志》會稽郡，縣二十六：吴，故國，周太伯所邑[5]。《史記·吴太伯世家》“正義”曰：“太伯居梅里，在常州無錫縣東南六十里。”[6]而《吴越春秋·吴太伯傳》

曰："（吴太伯）故自號勾吴……荆蠻義之，從而歸之者千有餘家，共立以爲勾吴。數年之間，民人殷富。遭殷之末世衰，中國侯王數用兵，恐及於荆蠻，故太伯起城，周三里二百步，外郭三百餘里。在西北隅，名曰故吴，人民皆耕田其中。"[7]這反映吴建國於蘇錫地區。更之，《史記·吴太伯世家》曰："王壽夢二年，楚之亡大夫申公巫臣怨楚將子反而奔晉，自晉使吴，教吴用兵乘車，令其子爲吴行人，吴於是始通於中國。"[8]這説明在壽夢之前，吴尚不會使用車馬用兵，而寧鎮地區早在西周就隨葬青銅車馬器，如母子墩墓出土青銅車馬器數百件[9]；如鎮江大港華山馬脊墩土墩墓出土了銅車馬器6件，時代爲西周晚期[10]；還有春秋早中期的磨盤墩墓出土車馬器6件[11]……上述種種給人們留下了疑竇。

時過境遷，中國的考古事業有序地發展前進，一系列法規的制定實施，一大批學院派的人才進入考古工地，科學的發掘成果不斷湧現，商周時期的列國墓地不斷發掘……無不影響着對吴文化的研究。

如何來解釋史料和考古實例的矛盾呢？也衹有用考古成果來解釋，蘇州博物館考古部（現爲蘇州考古研究所）不僅對蘇州西部山區進行吴國墓葬的調查發掘，又對春秋木瀆古城進行了發掘[12]。另一方面在新館開館後於2010年舉辦了一次吴國青銅器展，將有銘文且無争議的吴國青銅器集中展覽，讓世人一睹吴國青銅器的風采，并在學術界引起了轟動。而最使人費解的是爲什麽吴地没有出土有銘文的青銅器呢？這真是一個關鍵性的問題，應該説，從季札掛劍的故事説明有饋贈品，從蔡侯墓出土的吴王光鑒、吴王光劍説明有陪嫁品[13]，更加之如真山大墓出土有玉劍飾、有編鐘的玉鉤等[14]，都説明了隨葬之青銅禮樂兵器全部被盗，存在着大量盗掘品。兩國之争也可能有戰利品。"吉金"，在商周時期是多麽珍貴的資源，令人垂涎三尺，吴國戰敗後，一批有銘文的青銅器必然隨之散失。

近年，蘇州博物館新入藏吴王夫差劍[15]，而這次吴王餘眛劍和借展的浙江紹興市區魯迅路出土的吴王餘眛劍[16]，都説明吴國青銅器出土在異地的事實。

而作爲吴國第一器的宜侯夨簋，不管其器型、紋飾都和上述的吴國青銅器存在着很多值得探討的問題。但宜侯夨簋是寧鎮地區吴文化説的靈魂、支柱，那又如何解釋呢？作爲一位目睹吴文化研究會成立至今并關注吴文化的人士，不得不進行反思，其癥結何在？追根溯源，重温一下，能否温故而知新呢？

那麽我們也衹能重新又回到起點來進行一下探討，也就是《文物參考資料》1955 年第 5 期刊登的《江蘇丹徒縣煙墩山出土的古代青銅器》："一九五四年六月間，丹徒縣龍泉鄉下聶村農民聶長保的兒子在煙墩山南麓斜坡上翻山芋地'壟溝'時，無意間在地表下三分之一公尺的土裏掘出一隻鼎，他就小心地擴大挖的範圍，在三分之二公尺的深度，共掘得銅器十二件，計：鼎一，鬲一，簋二（其中一隻是有銘的夨簋），大盤一，小盤一，盉一對，犧觥一對，角狀器一對……邀請南京博物館、華東文物工作隊共同組織調查小組，於七月十七日到下聶村實地調查。在調查中清理了殘坑和毗鄰的兩個小坑……"

煙墩山北臨長江，東有烏金山、圌山，南有橫山，山頂有高約 3 米的土墩，相傳是古代烽火臺，山亦因此得名。古代青銅器的出土地點在朝南的山坡上，北距烽火臺約 50 米，小組勘察現場及瞭解前批青銅器出土情況後，把原坑掘開檢驗，在表面坑土中拾到一些殘餘銅片。原坑南北寬 1.2 米，東西長 1.3 米，深 0.44 米，據原發現人追述，當時青銅器在坑内分布情況并無一定的排列順序。

對這一没有進行科學發掘的遺存，我們可以肯定的是，"宜侯夨簋"應出土在這裏。專家們對宜侯夨簋的研究，肯定其爲宜侯夨簋是没有問題的，但是這遺存的性質是值得探討的。是墓葬？還是窖藏？從其文開始陳述，在地表下三分之一公尺，也就是 33 厘米左右發掘出一隻鼎，又在三分之二公尺的深度也就是 66 厘米左右發掘出銅器 12 件，并指出"并無一定排列順序"，這就不能排除是窖藏的可能。

窖藏在當時也有發現的，如1976年12月，丹陽縣城東4公里處發現西周遺址附近的窖藏，有鼎11、簋7、尊4、盤3、瓿1，共計26件[17]。所以宜侯夨簋的來源也是一個值得探討的問題。如是陪葬品，怎麽衹有這一簋有銘文，而且没有顯示其身份規格的墓葬，未免太寒酸。

尤其如《長江下游的徐舒與吴越》[18]一書作者認爲宜侯夨即吴王周章，其墓爲吴王墓，作者在其《吴國貴族區的墓葬特點》一文中論述："墓葬多營建在山的頂部，一山一墓，背山面江……而其墓却在煙墩山的南麓坡上，山頂上有高約三公尺的土墩，北距約五十公尺"，可謂自相矛盾。

多年過去了，宜侯夨簋在寧鎮地區出土如此之多的青銅器中似乎是孤例，但是無獨有偶，母子墩墓也出土了一件有銘文"伯作寶尊彝"的雙鳥耳方座簋。猜測墓主可能是周章之子熊遂。而北山頂墓更是由於發現了"餘昧矛"而被斷定爲吴王餘昧之墓。而這次會議除了有蘇州博物館入藏的75字銘文餘昧劍，還有紹興魯迅路出土的餘昧劍，可見北山頂出土的所謂"餘昧矛"就值得商榷了，進而北山頂冠名的餘昧墓也就更值得反省了。

事實上，我們總覽一下，不難看出寧鎮地區出土的青銅器豐富多彩，對其看法也衆説紛紜，在此將舉例葉文憲先生總結的相容并包吴國青銅器，可分爲中原器，直接來自中原的器物；仿中原器，楚器與楚式器、越式器、獨創器……反證了寧鎮地區的青銅器是不成系列的。爲什麽會出現這一情况？事實上，寧鎮地區的墓葬形式也是如此。本人曾在《春秋晚期吴國王陵新探》一文中做了詳實的闡述，結論就是不成系列[19]，在此不再贅述。所以吴國王陵區所發現的墓葬形式、出土的青銅器都没有遞嬗關係，這種現象似乎在商周時期的諸侯墓地中是實屬罕見的。

綜上所述，我們不得不反思，問題的癥結就是宜侯夨簋。首先這件青銅器是没有問題的，出土地點也是確切的，關鍵是這件舶來品是如何進入這一遺存的呢？再則没有進行科學考古發掘，其遺存的性質尚待進一步探討。其次在寧鎮地區如此之多的出土物中確爲孤品，而作爲一個“吴國王陵區”的標志，象徵又有什麽理由呢？更之，與宜侯夨簋同出的車馬器及母子墩出土的車馬器屬於西周時期，又和文獻記載吴國此時不用車馬器格格不入。這一切的反常情況如何解釋呢？

説來也簡單，如果我們將宜侯夨簋作爲一件舶來品和其他的中原器一樣看待，實事求是地分析，雖然宜侯夨簋在學術上、史學上有着不可争議的價值，但畢竟是舶來品，在當地的土著文化中僅能起點綴作用，豈能左右主宰當地文化呢？

在商周時期，寧鎮地區是個兵家必争之地，多元文化衝擊在一起，青銅作爲“吉金”爲各家所争，有的作爲窖藏，有的作爲隨葬品，雜亂無章，不成系列。

直到壽夢“始通中國”，西進寧鎮，吴文化因素纔開始滲入寧鎮地區，并非湖熟文化——先吴文化。

綜上所述，在春秋中期之前寧鎮地區是不可能有吴文化因素的，而越文化，也并非如有的學者所説是馬橋文化——先越文化，在江蘇，吴國滅亡後越文化纔得以入侵。如蘇州長橋新塘戰國墓地是最爲典型的[20]，也就是越滅吴後的遺存。據《史記·越世家》曰：“勾踐已平吴，乃以兵北渡淮，與齊、晉諸侯會於徐州，致貢於周。”《水經·濰水注》則云：“琅邪，山名也，越王勾踐之故國也。勾踐并吴，欲霸中國，徙都琅邪。”[21]而淮陰高莊戰國墓是江蘇境内最應被關注的越國墓，是越欲稱霸中原北遷琅琊之時最有代表性的墓葬[22]。雖然在上世紀由於淮河泛濫，治淮工程浩大，但高莊墓的出現，無疑是目前“勾踐徙琅琊”最有説服力的考古實例。它的出現不僅讓我們看到越國徙琅琊後的實力，更使我們看到越國稱霸的剪影，還使我們進一步瞭解鴻山墓地的年代。而無錫鴻山墓地是越王翳重入吴後幾代越王之陵區，所以將蘇州真山九號墩標爲越國墓葬純屬無稽之談。所有這一切其源頭皆爲宜侯夨簋。重新認識宜侯夨簋，客觀科學地研究它，將把吴文化研究推向正確的軌道和新的高潮。

當然宜侯夨簋的出現，使我們看到了一件西周時期的重器，帶來了無數的資訊，是一件值得研究和探討的不可多得的有銘器。但它給某些急於成名者帶來了極好的機會。當然學術研究推崇百家争鳴、百花齊放，先入者，就此而發表了《吴國王陵區初探》一文。再入者，《長江下游的徐舒與吴越》一書的出版。更有甚者，《考古學視野下的吴文化與越文化》一書以中國式的1 +1 =2 的教室模式在此書中運用到了淋漓盡致，略舉一二例：如附表八“寧鎮地區吴人土墩墓表”，凡是在商周時期寧鎮及皖南地區發現的土墩墓統統歸納於吴人，理由呢？宜侯夨簋，對嗎？附表九“太湖以北地區石室土墩墓表”，不管三七二十一，衹要是石室土墩全部歸於越人石室土墩墓，而這一地區没有石室的都可歸於春秋晚期吴人土墩墓。那麽請問，其中表10：6 饅頭山大墓爲西周中期，豈不是和標題春秋晚期吴人土墩墓不符？《蘇州東渚小山墓地初步研究》[23]中指出：小山位於蘇州東渚鎮西北面，海拔 27 米左右，在山頂土墩内發現 10 座墓，M9、M10 爲春秋早期墓，M1、M2、M5 ~ M7 爲春秋中期偏晚墓葬，M3、M4、M8 爲春秋晚期墓葬，這又如何解釋呢？因此這種簡單籠統的排列組合的史學考古法，使商周考古研究者爲之一震。吴文化研究的確陷入了泥潭。我們需要重新梳理一下文獻史料，將科學的實物史料作爲標準器，縱觀全局來進行比較研究、細緻分析。

考古研究，是以實物爲依據的，在這商周列國林立、侯王數用兵的時代，文化是錯綜複雜的，絶不是用教室裏1 +1 =2 的粗放型模式就能解決的。我們要以先賢們的治學態度來研究吴文化，不要急於求成，一錘定音，更不要誤導後學。作爲一位過來人能爲關注和研究者有點提示足矣！

注 釋

[1] 江蘇省文物管理委員會《江蘇丹徒縣煙墩山出土的古代青銅器》，《文物參考資料》1955 年第 5 期。

[2] 唐蘭《宜侯夨簋考釋》,《考古學報》1956 年第 2 期。

[3] 肖夢龍《吴國王陵區初探》,《東南文化》1990 年第 4 期。

[4] 葉文憲《考古學視野下的吴文化與越文化》,中國社會科學出版社,2015 年。

[5] (漢)班固《漢書》,中華書局,1957 年,第 1590 頁。

[6] (漢)司馬遷《史記》,中華書局,2013 年,第 1740 頁。

[7] (漢)趙曄《吴越春秋》,江蘇古籍出版社,1999 年,第 4 頁。

[8] 同 [6],第 1743 頁。

[9] 丹陽縣文物管理委員會《江蘇丹徒大港母子墩西周青銅器墓發掘簡報》,《文物》1984 年第 5 期。

[10] 鎮江博物館《江蘇鎮江大港華山馬脊墩土墩墓發掘簡報》,《東南文化》2015 第 3 期。

[11] 鎮江博物館《江蘇丹徒磨盤墩周墓發掘簡報》,《考古》1985 年第 11 期。

[12] 中國社會科學院考古研究所蘇州市考古研究所蘇州古城聯合考古隊《江蘇蘇州市木瀆春秋城址》,《考古》2011 年第 7 期。

[13] 陳夢家《壽縣蔡侯墓銅器》,《考古學報》1956 年第 3 期。

[14] 蘇州博物館《真山東周墓地》,文物出版社,1999 年。

[15] 蘇州博物館《吴鈎重輝》,文物出版社,2014 年。

[16] 曹錦炎《吴王壽夢之子劍銘文考釋》,《文物》2005 年第 2 期。

[17] 鎮江博物館、丹陽縣文物管理委員會《江蘇丹陽出土的西周青銅器》,《文物》1980 年第 8 期。

[18] 毛穎、張敏《長江下游的徐舒與吴越》,湖北教育出版社,2005 年。

[19] 錢公麟《春秋晚期吴國王陵新探》,《東方之韻》,嶺南美術出版社,2000 年。

[20] 朱偉峰、錢公麟《蘇州市長橋新塘戰國墓地的發掘》,《考古》1994 年第 6 期。

[21] (北魏)酈道元著,楊守敬、熊守貞疏《 水經注疏證》,江蘇古籍出版社,1989 年,第 2263 頁。

[22] 王立仕《淮陰高莊戰國墓》,《考古學報》1988 年第 2 期。

[23] 丁金龍、王霞《蘇州東渚小山墓地初步研究》,《蘇州博物館建館五十周年紀念文集》,文物出版社,2009 年。

吴文化研究隨想（代總結）

李伯謙（北京大學）

參加今天這個會，很興奮，也很期待。興奮的是，餘眜劍居然保存這麼完好，而且銘文多達75個字，這恐怕是吴越銅劍中字數最多的劍了。期待的是，很希望以此次研討會爲契機，把吴文化研究再推進一步，掀起一個新的研究高潮。會議一開頭，陳瑞近館長把會議主題講得很清楚，李學勤先生做了高屋建瓴、既宏觀又具體的具有啓發性的講話，緊接着是在座各位精彩的發言，使我學到許多東西，我已經没有什麽好説的了，但我還是想利用這個機會談談自己參會的感受和想法，不對之處懇請指正。

第一個，想説説這次會的主題。會議名字叫“兵與禮——吴王餘眜劍學術研討會”，顯然，你們是把餘眜劍既看成兵器又看成禮器的。先秦文獻講當時流行所謂五禮，即吉、凶、賓、軍、嘉。兵器是“軍”的有機組成部分，“軍”既是五禮之一，作爲它的有機構成的“兵”當然也就是禮器。過去我有一個博士生徐堅，寫的博士論文題目是《戰争與禮儀——早期中國的青銅兵器》。當時有的人不理解，説兵器是打仗用的武器，和禮器有什麽關係呢？我是同意徐堅的基本看法的。但我也對他説，這個問題要發展地看，從它的起源和原本功能説，兵器當然是武器，但到了一定階段，武器也在特定的禮儀活動中使用，被賦予了禮器的功能，自然也就成爲禮器了。商周貴族墓葬中隨葬的戈、矛、刀、劍等絶大部分兵器，都應該是禮器。前不久，徐堅的論文經補充修改後已更名爲《時維禮崇——東周之前青銅兵器的物質文化研究》，由上海古籍出版社出版了。具體到餘眜劍，會上學者的發言雖在個別字詞上有些不同見解，但都認爲在劍銘中餘眜至少記載了自己參加伐麻、攻荆、戰越，其兄餘祭死後獲封吴王的事迹，這不是和研究者早已指出的青銅禮器銘文主要是“銘功記事”相一致嗎？這更加有力地證明兵器也是禮器，你們此次研討會以“兵與禮”爲主題，是非常正確的，代表了你們的水準。

第二，想説説劍的形制。餘眜劍一字格、圓首、莖上雙箍，是東周時期中原地區常見形制。《文物》1982年第1期發表我一篇文章，題目叫《中原地區東周銅劍淵源試探》，我將當時中原地區見到的銅劍分爲四型，這種形式的劍是我所分的D型，我認爲這種形制的劍不是中原獨自起源的，其起源地應是吴越地區。現在見到的餘眜劍是這種劍中最早的，但它已相當成熟，它應有個發展演變過程。當時我提出安徽屯溪奕棋出土的圓首有格帶箍劍可能是其祖型，現在知道，在江、浙、安徽甚至和浙江交界的閩北地區的西周土墩墓中，都出土有可能是其祖型的劍。包括銅劍在内的吴越兵器東周時期能達到最高水準，是與其有較長的發展歷史密切相關的。當然，與其相關的還有鑄造工藝，吴越兵器水準在當時是最高的，干將、莫邪、歐冶子的名字和“季札掛劍”的故事，至今仍爲人津津樂道和傳頌，正是有力的證明。

第三，吴文化研究的展望。從上世紀80年代初成立吴文化研究會以來，做了不少工作，也掀起過高潮。大家都比較懷念80年代的盛况，那時侯，鎮江博物館的陸九臯館長、劉興先生，蘇州博物館的張英霖、陳玉寅兩位館長，南京市博物館的李蔚然館長，無錫文管會的馮普仁先生、揚州文管會的朱江先生等都熱心得很，對推進吴文化研究立下了汗馬功勞。我是那個階段開會的積極參加者，也寫過幾篇文章，但回頭看，大家討論的問題幾乎都是圍繞着土墩墓、石室墓展開的，較少涉及人類的居住遺址。墓葬當然重要，通過對墓葬的梳理，大家基本認可了吴文化從寧鎮地區向太湖周圍逐步推進的發展脉絡和吴文化主要是土墩墓、越文化主要是石室土墩墓的事實。但没有對人們生前活動遺存的較多瞭解，許多問題是很難解决的。經過一段時間的沉寂，進入 90 年代後期和本世紀初，隨着基本建設規模的擴大和課題意識的增强，居住址開始受到重視，我特别要提出蘇州木瀆古城群和無錫“闔閭城”古城的發現，現已基本確定其始建年代都可早到春秋末年，基本格局也漸漸清晰起來，但要徹底搞清楚還要持之以恒，繼續做下去。對吴文化研究，我建議學會多發揮作用，在調查總結基礎上制訂出一個規劃和具體實施的計劃，分工合作，扎實推進，吴文化的面貌和吴國歷史上的一些問題是會逐步明朗起來、得到解决的。順便我還想提起大家注意，吴文化研究是學術研究，要扎扎實實做考古調查發掘，做文獻考證，警惕打着開發吴文化的名義，搞什麽招商引資，建假文物、假古董。

這個會開得很成功，大家一致肯定了餘昧劍的重要性、珍貴性，對館領導的遠見卓識和當機立斷出手搶救的决策，表示贊揚。祝蘇州博物館在搶救文物、開展吴文化研究方面更上一層樓。謝謝大家！

“兵與禮——吴王餘眛劍學術研討會”綜述

蘇州博物館學術委員會

2015年5月18日，蘇州博物館爲配合“5·18國際博物館日”，舉辦了“兵與禮——吴王餘眛劍特展”，展出了蘇州博物館與紹興越文化博物館所藏兩柄吴王餘眛劍（以下分别簡稱蘇博劍、魯迅路劍），并召開了“兵與禮——吴王餘眛劍學術研討會”。此次研討會邀請到清華大學李學勤教授，北京大學李伯謙教授，浙江大學曹錦炎教授，陝西考古研究院吴鎮烽研究員，安徽大學李家浩教授，上海博物館周亞研究員，陝西師範大學張懋鎔教授，北京大學董珊副教授，南京博物院林留根研究員、毛穎研究員，蘇州博物館錢公麟研究員等專家，蘇州博物館館長陳瑞近研究員、副館長程義副研究員以及青年科研人員姚晨辰也參加了此次研討會。與會專家圍繞銘文隸定、詞彙考釋、事件推定、鑄造年代與形制特徵以及吴越文化研究等議題進行了討論，現將會議概況綜述如下。爲方便行文，諸位專家一律徑呼姓名，略去尊稱；此前蘇博劍的專家鑒定意見中有與會議内容關聯者，也一并概述；銘文的隸定、釋讀以收藏單位程義的發言爲基礎；餘祭、餘眛的紀年以各家觀點括注公元紀年。

一　關於銘文的隸定

蘇博劍保存完好，X光片顯示所有銘文完整無缺，程義釋讀爲：

攻吴王姑讎亓䧢曰：余，壽夢之子；余，䱷钺邻之嗣弟。䱷钺此邻命初伐麻，敗麻，獲衆多；命御荆，荆奔，王圍𣧩，既北既殃，不争（?）敢綃；命御越，唯弗克，未敗吴邦。䱷钺邻命戈（我）爲王，擇厥吉金自作元用劍。

上述銘文與魯迅路劍的銘文有很多關聯，對後者有諸多校正之處。與會專家對於銘文的字形基本没有争議，但對於文字的隸定有以下不同意見（表一）。

字形／專家								
程義	亓（元）	䧢	嗣	麻	𣧩	争（?）	锥（唯）	戈（我）
曹錦炎	烏	䧢	㑰	麻	𣧩（陽）	?	唯	弋（代）
吴鎮烽	烏	䧢	嗣	麻	𣧩	争（?）	唯	戈（我）
李家浩	烏	䧢	㵬（義）	麻	𣧩（唐）	匪（勿）	蜼（雖）	弋（代）
周亞	烏	䧢	嗣	麻	𣧩	?	蜼（雖）	戈（我）
張懋鎔	烏	䧢	嗣	麻或散	𣧩	争	雖	弋（我）
董珊	焉	雖	孌	麻	乾	我（?）	蜼（雖）	弋（代）

，程義初釋爲"亓"，認爲上爲鳥形、下有手，與孫承澤舊藏吴季子之子逞劍的"（元）"字及𦿋公劍銘文的"元"字頗爲接近。他指出，此字字形應是由鳥蟲書反嚮轉化而來的篆書字形，所以保留了很多修飾性成分。李家浩認爲，《説文》以"於"爲"烏"字的古文，但"烏"、"於"古本一字，"於"是從"烏"分化出來的，即是把"烏"字表示喙的右上部筆畫、表示喙的左側筆畫和身的筆畫分離後形成"於"字，因此蘇博劍之"烏"當讀爲語詞"於"。吴鎮烽認爲"烏"與"隹"均爲鳥形，二者區別在於"烏"

字上部開口，此字正像其形。“烏”、“於”本爲一字，越王者旨於睗劍銘等金文中多爲“烏”字之省形，故隸定作“於”。董珊認爲此字與“於”的字形、字音皆近，都是“烏”的分化字，其形似烏鴉口的右側筆畫脱落，作“人”形者爲“於”字；改變筆勢、重新組合爲“正”旁的爲“焉”字（見中山王大鼎、秦篆等）。小篆“焉”字從“下”，可視爲從“人”向“正”形體過渡的中間環節；“焉”與“夷”相通。

，李家浩已釋爲雚，諸家多從之。“雚”字所從聲旁“吅”，按照《説文》，其上部的“从”訓爲“羊角也”。蘇博劍與魯迅路劍“吅”旁的寫法略有不同：魯迅路劍上部作“廿”字形，左右有像“羊角”的筆畫；蘇博劍上部作“口”字形，左右没有像“羊角”的筆畫。在古文字中，“廿”字形頭與“口”字形頭往往混用。蘇博劍將“雚”字所從“吅”作“吊”字形，當是訛誤之體。董珊認爲李家浩所釋左側偏旁爲“吅”，是聲符，是根據魯迅路劍銘將該字寫做從“廿”。但蘇博劍銘此字從“口”，可證明魯迅路劍銘之字亦是從“口”演變爲“廿”。衹是從字形演變規律來看，這個過程不能倒轉。所以，董珊認爲李家浩的看法失去了字形依據。而該字從“隹”聲，此字或可能就是“雖”字。雖然“虫”旁與一般的寫法有異，但“雖”不從“虫”得聲，這一點對有關的討論影響不大。

，程義初釋爲“嗣”，從人、從女，中間爲口、册；曹錦炎釋爲從人、從皿、從戈，意義不明，并指出紹興路劍上此字接近“美”字；董珊認爲蘇博劍上此字或可釋爲“嬖”字，原從尸、從○、從皿、從女；吴鎮烽認爲右從女，左旁上從尸，尸亦聲，下部所從似爲嗣字的左邊，如若不誤，可能就是“始”字的異構，在此可讀爲“嗣”；李家浩認爲蘇博劍的字形較怪，似從“屖”從“女”。銘文把“易”旁下部的“勿”字形横寫，與“鴋”字所從“易”旁下部横寫的情況類似。如果此説不誤，該字可隸定作“𡝩”，當從“屖”得聲。據《玉篇》尸部“屖”字注，“屖”是交易之“易”的本字。“易”、“義”古音相近，中古音都是寘韻開口三等去聲止攝；上古音“易”

屬餘母錫部，"義"屬疑母歌部，古代疑、余二母和歌、錫二部的字音有關。

，即"麻"字，李學勤、朱鳳瀚曾初釋爲"散"；張懋鎔也認爲可能是"散"；程義初釋爲"棘"，後來改釋爲"麻"。曹錦炎指出，劍銘的"麻"字原篆構形很清楚，從"邑"從"林"聲，"林"即"麻"之本字。《説文》："林，葩之總名也"，"麻，與林同"。曹錦炎認爲，此字釋爲"麻"應該是可信的，過去有人將魯迅路劍上此字釋爲"巢"，不確。董珊認爲，此字魯迅路劍與蘇博劍有一定的差異，尚需進一步觀察。

，程義認爲從手，下爲日下四垂筆，和楚王酓章鎛銘文"西䳄"之"䳄"字接近。諸家多釋爲"䳄"，而董珊則釋爲"乾"，認爲是字形訛變的結果。

，程義初釋爲"争"，以爲和"静"的右側接近；李家浩認爲"不"與""之間二字爲鏽所掩，據X光片當是"刎敢"。"刎"從"勿"得聲，疑應讀爲"勿"。董珊認爲從殘餘筆畫來看，似是"我"字。

，程義認爲從韋從尚，古字"韋"、"革""糸"旁互用，可通"緔"，意爲結合；吴鎮烽、曹錦炎認爲同"鞝"，指蓋在馬鞍上的皮子，即鞍披；董珊認爲似爲衣裳之"裳"的異體字。

，程義隸定爲從午從虽，讀做"唯"。李家浩、張懋鎔、周亞等釋爲"蜼"，爲"雖"字的古文，例見《古文四聲韻》上平脂韻"雖"字下引《古孝經》、《王庶子碑》。他們認爲，《説文》"雖"從"虫"、"唯"聲，"唯"從"口"、"隹"聲，所以"雖"字古文可以寫做從"虫"、"隹"聲。"雖"字的古文"蜼"，與《説文》訓爲"如母猴，卬鼻長尾"的"蜼"當非一字。"蜼"字亦見於晉公盤銘文，讀爲"唯"。

，程義隸定爲"戈"，讀做"我"，作人稱代詞；曹錦炎隸定爲"弋"，讀爲"代"，作動詞，并列舉《楚帛書》、上海博物館藏楚竹書《從政》《仲弓》《鮑叔牙》等出土文獻中的"弋"字皆讀爲"代"爲其證。李家浩也認爲原文字形似"戈"，但與"𢦔"、"伐"、"郕"三字所從"戈"旁的寫法又

有區别，可從曹錦炎隸定爲“代”。周亞懷疑此字是金文“我”字的筆誤，認爲金文中“我”字作多齒狀帶柲兵器，字形近似金文“戈”，故《説文》謂：“我，從戈、從扌”。

二　關於詞彙的考釋

對於蘇博劍新出之詞彙，如“叡䥑郐”、“嗣弟”、“荆”等重要詞彙，與會專家意見基本一致。“吴王姑讎烏雗”，大家也一致認爲即吴王壽夢第三子，亦即文獻中的夷末、夷未、餘眜或餘昧。

1. 姑讎

對於“姑讎”的含義，與會專家意見分歧較大。程義、曹錦炎力主是吴國王室的姓氏名。曹錦炎指出，吴國兵器銘文“姑發者反”等名皆指吴王諸樊，已成定論，但過去學術界衆説紛紜，一直未明白其構名原則，更没有認識到“姑發”爲氏稱。他在考證紹興劍銘文時首先揭示其爲吴王氏稱，并在《從吴國兵器再論吴王名》一文中再一次作了闡述和討論。本劍吴王的名字全稱作“姑發皮難”，“姑發”爲氏稱，參照者減鐘銘文可知，“皮難”是名（或字）。紹興劍銘作“姑發難”，乃是省寫，即將二字名省爲一字名。

程義發表了不同意見，認爲“姑發”衹是“姑讎”的早期寫法，讀音應以“姑讎”爲正。因爲姑讎一詞位於人名之前、稱謂詞之後，必是一種特殊的專有名詞。這個專有名詞正如張懋鎔所云，内涵比國名小而比人名大，似乎唯有族名可以吻合。如果是族名，斷無同爲兄弟却族名相異的可能，所以衹能尋找姑發和姑讎之間的關聯，即做所謂的功利性推論。他梳理了舊釋諸樊五器中姑發的多種寫法，發現下部或爲“殳”或爲“支”，後來統一隸定爲從“殳”，但其讀音却從“支”。所以程義提出假説，即“發”字含有兩個讀音的可能，一從“支”，一從“殳”，從“殳”之“發”字即和“讎”字的讀音有了關聯。考慮到姑讎和姑蘇的讀音非常接近，且古代有以姓氏專稱做地名的習慣，所以進一步推論姑蘇是吴國王室的姓氏專稱，後演化爲吴國國都的地名專稱。

李家浩指出，“姑讎雒”之“姑”和“姑讎於雒”之“於”都是附加語，“餘昧”或“夷末”是省去“讎”前後的附加語“姑”、“於”之後的“讎雒”的對音。

董珊隸定爲“姑讎焉雖”，認爲魯迅路劍銘作“姑讎雖”。他認爲，這種簡省“焉”字的情況，可以參看“叡䥫此邻”之簡省作“叡䥫邻”，和“姑發者反”之寫做“姑發反”。若“姑讎焉雖”後二字確實可以與傳世文獻中“夷末”的語音對應，則吴劍銘“姑發者反”之後兩字即可對應文獻中的“諸樊”。古人名、字連稱時，都是先字後名，吴劍銘的“姑讎”、“姑發”或有可能都是字。

李伯謙、周亞、吴鎮烽、張懋鎔均接受“姑發”、“姑讎”爲姓氏的提法，但認爲如何解決二者之間的聯繫，還需要進一步探討。

2. 嗣弟

“嗣弟”一詞，根據不同的隸定，大家發表了不同的看法：主嗣弟者，認爲猶如嗣子、嗣王；李家浩認爲此字當從魯迅路劍釋做“義”，義者宜也；董珊認爲此詞當爲“嬖弟”，是寵弟的意思；曹錦炎持謹慎態度，認爲魯迅路劍上“第”前一字接近“美”字。

3. 麻

“麻”爲地名，但其具體地望也頗有争議。程義、周亞、李家浩根據楊伯峻《春秋左傳注》，定在安徽碭山東北之麻城集；吴鎮烽認爲《史記集解》及諸家之説都不可靠，麻國、麻邑故址應在今湖北東部或河南東南部，位於安徽西南部某地；張懋鎔釋之爲“散”，認爲可能是文獻失載的一個小國，地望不詳，但應該距離吴國不遠。因爲散是一個小國，所以餘昧可以比較輕鬆地拿下，并有所斬獲。他還認爲釋爲“麻”有其文獻優勢。

4. 王圍𦪇

“王圍𦪇”，諸家多理解爲“吴王包圍了𦪇這個地方”。程義認爲，“𦪇”爲楚之東邑，或和碭山有關。吴鎮烽認爲此字即“陽”，爲楚國地名，并舉《宋玉賦》、曾侯乙墓遣册有“陽城君”等例，證明應爲陽城，故址地望待考。李家浩據清華簡（清華大學所藏戰國竹簡）《繫年》第十九章105號“與楚師會伐陽（唐），縣之”爲例，認爲此即《左傳》定公五年（楚昭王十一年，公元前505年）所記秦救楚、滅唐之事。《説文》“唐”字古文作“啺”。“𦪇”、“陽”、“啺”三字都從“昜”得聲，故可通用。他懷疑“𦪇”即《繫年》之“陽”，也就是“唐”。唐原是楚的與國，位於今湖北隨州市西北唐縣。周亞認爲是“𦪇”，地名，根據餘祭伐越被殺的記載，似應在越地。董珊釋爲“王圍乾”，“王”應指當時的吴王叡䞘郐，“圍”下一字應爲地名，可能與楚東境常作爲吴楚戰場的“乾谿”有關。曹錦炎認爲“王圍𦪇”之“王”當指楚靈王，“圍”是楚靈王之名，證見《史記·楚世家》“康王寵弟公子圍……使鄭……圍入問王疾，絞而弒之……子比奔晉，而圍立，是爲靈王”的記載。“𦪇”讀爲“殤”，“王圍𦪇”意即楚靈王死了。

三　關於歷史事件和鑄造年代

儘管蘇博劍的銘文清晰可辨，但因各家對於詞彙含義理解不同，因此對銘文涉及的歷史事件的推定也各不相同。

1. 伐麻之戰及其年代

“伐麻”，諸家多理解爲即《左傳》昭公四年（公元前538年）所載之“冬，吴伐楚，入棘、櫟、麻，以報朱方之役”，亦即《史記》所載“吴亦攻楚，取三邑而去”之戰。但李家浩堅持認爲，劍銘所記第一次戰争發生在“初命”之時，即“伐麻”是餘祭即位爲王之後，初次命令他的弟弟餘眛出征，年代顯然應該在餘祭元年（魯襄公二十六年，公元前547年），具體在當年的二月至三月之間。吴鎮烽認爲，昭公四年吴伐楚，取三邑，時值餘眛六年（公元前538年），餘祭早已作古，如何能命令餘眛去伐麻呢？他認爲餘祭在位時期的"麻"可能是一個未見經傳的小國，是楚國的附庸，所以最先受到吴國的討伐。董珊則根據《左傳》的記載，認爲劍銘所記"伐麻"之事不見於文獻記載。

伐麻之戰的年代是這次研討會關注的一大焦點，因爲它關係到兩劍的銘文能否"校經證史"，亦即能否通過兩劍銘文解決長期以來吴王餘祭與餘眛在位時間的争議。程義、張懋鎔、曹錦炎、周亞四位專家認爲，"初命伐麻，敗麻，獲衆多"就是昭公四年的伐麻之戰，也就是《史記·吴太伯世家》所載的餘祭七年"吴亦攻楚，取三邑而去"之戰事，麻即三邑之一。因爲如果餘祭在位衹有四年的話，就不可能有餘祭七年的記録，所以餘祭和餘眛在位的年數就衹能以《史記》爲準，即餘祭17年，餘眛4年。但是董珊、吴鎮烽、李家浩三位專家表示，不應該輕易否定《左傳》的記載。董珊特别指出，襄公二十九年（公元前544年）"閽弑吴子餘祭"之事是當時衆所周知之事實，并列舉襄公三十一年（公元前542年）申公巫臣之子屈狐庸出使晉國時，與趙文子的對答内容爲證，認爲晉國很清楚餘祭之死和餘眛繼立，餘祭死亡的時間應該以《左傳》記載爲準。

2. "御荆"、"御越"及其年代

"命御荆，荆奔"，程義認爲此次戰争應即《史記》所載的"十一年，楚伐吴，至雩婁"；李家浩認爲發生在餘祭二年到三年間（公元前546～前545年）；曹錦炎指出，此次戰役，紹興劍銘記爲"荆伐徐，余親逆攻之，敗三軍，獲車馬，支七邦君"，并以此推定"王圍"爲"楚靈王圍"之簡；周亞認爲，"命御荆，荆奔"應是《左傳·昭公五年》所記載的"冬，十月，楚子以諸侯及東夷伐吴，以報棘、櫟、麻之役……聞吴師出，薳啓疆帥師從之，遽不設備，吴人敗諸鵲岸"的戰事；董珊認爲，"御荆"是否就是指襄公二十六年（公元前547年）"楚子、秦人侵吴，及雩婁，聞吴有備而還"一事，仍有待更多證據。

“命御越”，程義認爲即《左傳》記載的昭公五年（公元前 547 年）冬，楚子、蔡侯、陳侯、許男、頓子、沈子、徐人、越人伐吴，也就是紹興魯迅路劍所謂的“支七邦君”之戰。李家浩認爲，其年代當在吴王餘祭四年（公元前 544 年），餘祭臨終命餘眛爲王之前。從銘文來看，這次戰争是越伐吴，吴以戰敗而告終。《左傳》所記是吴伐越，可能是爲了報“御越”，其結果是吴王餘祭被越俘閽人所弒。曹錦炎認爲即昭公五年楚聯合諸侯伐吴之戰，因爲與前二次戰役吴軍取得勝利不同，這次衹是吴國未被敵軍打敗而已。所以，姑發皮難追述自己“戰功”時將其附於後面，這樣就可以解决時序前後倒置的問題。周亞另闢蹊徑，認爲這段銘文可以結合《左傳・襄公二十九年》“吴人伐越，獲俘焉，以爲閽，使守舟。吴子餘祭觀舟，閽以刀弒之”的記載來分析，認爲吴王餘祭是伐越後被弒，這一點上劍銘和文獻記載相同，但劍銘記録的可能是事件的真實過程，《左傳》等文獻記載的則可能是根據吴人爲掩飾餘祭兵敗被殺的事實而編造的情節。董珊認爲“御越”一事，似可與《左傳》襄公二十九年“吴人伐越”之事相對照，吴伐越事亦見載於馬王堆帛書《春秋事語》之《吴伐越》一章。

3. 鑄造年代

由於對銘文理解的不同，諸家對兩劍的鑄造年代也有意見分歧。張懋鎔、程義、李家浩認爲，雖然兩劍可能并非同時鑄造，但相隔時間不會長，應該是吴王餘眛即位之時，即公元前 543 年。吴鎮烽認爲，蘇博劍的鑄造年代，一方面從劍銘自稱“吴王姑讎於雗”可知，鑄劍時餘眛已經繼位；另一方面劍銘未提及餘眛八年（魯昭公六年，公元前 536 年）楚將薳泄伐徐和餘眛十五年（魯昭公十三年，公元前 529 年）楚師從徐國返回、吴軍在豫章將其打敗等輝煌戰績，可以判斷此劍鑄造於餘眛元年到八年（公元前 536 ~ 前 529 年）之間；再結合劍銘的“叡戗郐命我爲王”分析，該劍極有可能是餘眛即位的元年即公元前 536 年鑄造。而魯迅路劍的鑄造年代應在餘眛十五年到十七年

（公元前529～前527年）之間，以“余親逆，攻之”推測，最有可能鑄造於這次戰役結束後不久的當年或第二年。周亞根據蘇博劍的銘文内容分析，餘眛在銘文中强調自己的軍功及繼位的合法性，所以此劍應該鑄於餘眛即位不久；紹興劍則記載了魯昭公十三年（公元前529年）即餘眛二年時，吴、楚之間一場因楚伐徐而引發的戰争，戰争以餘眛親征、擊退楚軍、大勝獲俘而結束，所以應該鑄於餘眛二年或稍晚，略晚於蘇博劍。董珊認爲，綜合來看，蘇博劍記載“命初伐麻”、“命御楚”、“命御越”、“命代爲王”四事，年代都在餘祭在位時；魯迅路劍記載“初命伐□”、“親逆攻楚”二事，分别在餘眛即位之前、之後，所以兩柄餘眛劍所記史事并無重合，魯迅路劍的年代顯然晚於蘇博劍。

四　關於劍的形制特徵

蘇博劍爲一字窄格有箍式劍，和魯迅路劍及吴越地區常見的青銅劍有較大差異，較爲少見，所以其形制、淵源也是這次研討會的一個議題。

李學勤指出，蘇博劍的鑄造工藝、銘文製作等都已經非常成熟，魯迅路劍的成熟程度也相同，衹是類型不同，當時應該有各自的名稱。不同的類型、相同的成熟度説明當時吴國各種類型的兵器都已有了成熟的發展，這類劍一定經歷了一個長的發展階段。如果説這把劍源自另一個國家，無論是從考古資料還是從文獻記載來看都毫無根據。

李伯謙曾在《中原地區東周銅劍的淵源》一文中關注過中原帶格雙箍劍的來源，認爲起源地在吴越地區，源頭是曾在安徽屯溪、浙江温州等地出土的帶兩個耳朵的短劍，并且還可以追溯到江西吴城。他提示説，這類劍爲什麽會在這個地區突然出現，值得繼續探討。

姚晨辰收集了11件此類形制劍的資料，并進行了類型學分析。他指出，該劍型出現於春秋時期，廣泛分布於吴地和常年與吴國交戰的齊、楚、越等地。他將這類劍的形制變化規律概括爲：劍首從空首喇叭狀漸變爲實心圓盤首；劍莖從扁莖發展成圓莖；莖上之箍從單箍進化爲雙箍，從方箍演變爲圓箍；劍格漸寬；劍身從中脊起凸棱發展成爲綫形直脊，從無鍔發展到有鍔。從江蘇吴縣消夏灣春秋早期一字格劍來看，方箍可能是鈹在鑄接劍首時留下的鑄痕，後來慢慢演化爲圓箍。他認爲，一字格有箍式劍是一字格劍向寬格劍過渡的産物，是青銅劍從原始走嚮成熟的必然環節。

五　關於吴越文化研究

此次研討會還圍繞吴越文化等議題展開了討論。

李學勤指出，我們以前對吴越文化在整個古代社會的作用可能估計不够，大家熟知的文獻基本集中於吴越争霸，但近些年發現的新材料能够對有關的記載和認識起補充、修正、改進的作用。

第一，吴國在西周所處的地位并非如有些學者想象的：太伯、仲雍奔荆蠻後直到壽夢時期纔和中原發生關係。其實，宜侯夨簋出土地點是明確的；同出器物是明確的，比如角形器是江蘇一帶的特色；銘文裏“東國”是明確的，絶對不是靠近河南，而是更遠的地方；銘文裏的“虞”就是“吴”；銘文裏提到“厥川三百”，一個諸侯國有三百多條河流，一定是在一個水網地區。宜侯夨的分封是周王朝一個大的戰略部署。西周的興起最重要的是向東向南，宜侯夨簋銘文開頭便是“王省武王成王伐商圖，誕省東國圖”。湖北的曾國，現在大家公認就是隨國。隨國最初是文王四友之一的南宫适的封國，目的是統治和保護淮夷，是一個大的戰略舉動。兩相對比就可以看出關於宜侯夨的戰略部署其實是類似的，吴國實際上起了重要的軍事戰略作用，這一點我們以前没有很好地考慮。爲什麽學術界認爲吴國和周王朝没有什麽關係？其實，《國語·晉語》一開頭就説的“詢於八虞，而諮於二虢”，應該與泰伯、仲雍有關。

第二，關於對越國的認識。越國最後并没有滅亡，而是歸於破散，回到氏族社會，之後又分爲南越、東越、甌越等。實際上越和南洋考古學是有密切聯繫的，浙江鄞縣銅斧上羽人划船的花紋與菲律賓出土的花紋是一致的。越國最重要的階段應該是戰國前期到中期，但這一段的文獻非常少，《左傳》到《戰國策》之間有很長一段時間的空白，《古本竹書紀年》也没有幾條材料，所以戰國前期的許多事情都不清楚。最典型的例子就是1928～1931年洛陽金村屭羌鐘出土以來，有些歷史問題説不清楚，很大的原因就是没有把越國説清楚。雖然銘文没有提到越國，但許多事件和越國密切相關，這些在清華簡裏都很清楚。比如越國和魯國打敗了齊國，齊國向越國貢獻土地、奴隸，進行和解。越王翳氣派很大，魯國國君爲他駕馬、齊國國君給他驂乘。越國的歷史作用非常之大，煙臺大學碩士生陳民鎮的碩士論文提出，越國霸業直到州句時期，我覺得這個意見很對。這和我們的發現一樣，州句的劍乃至兵器特别多，因爲整天打仗。王翳的兵器也不少，所以越遷琅琊可能還是事實。在山東很多地方，包括新泰周家莊都出土越式的器物。因此，越國的歷史作用可以結合兵器加强研究。

李伯謙對會議作了簡單總結，認爲會議雖短，但涉及的面很廣，諸如蘇博劍的銘文、形制、鑄造等，除少量字、詞的釋讀、史實的考訂需要進一步探討外，基本形成了一致的意見。他談了三點意見。首先，肯定了展覽和研討會以"兵與禮"爲名稱。他指出，兵器許多時候就是禮器，禮器和兵器具有同等重要的地位。餘眜劍銘功記事，具有禮器的性質，很好地證明了禮器的源頭是兵器，應充分肯定其歷史價值。其次，以《中原地區東周銅劍淵源試探》一文爲基礎，對蘇博劍的形制做了進一步的探討，已如上文述。最後，肯定了吴文化學會成立以來所做的工作，評價近年考古發掘的無錫闔閭城、蘇州木瀆古城遺址對於吴文化研究是很重要的工作。他指出，以前的吴文化熱基本上都是圍繞墓葬、青銅器，而重視這類遺址并將之作爲都城遺址來研究，應該成爲今後的重點加以重視。

林留根評價蘇博劍稱得上是吴文化研究領域中的重大發現和重要突破，也是國内首次發現的銘文字數最多的青銅兵器。劍身的75字銘文與《史記》、《左傳》等歷史文獻所記載的吴越重大歷史事實有密切的關聯，它的發現當會推動吴文化研究的深入。吴國青銅兵器最爲著名的製造工藝技術爲複合劍、暗花紋、劍首同心圓技術，被譽爲吴國青銅兵器三絶。比如，複合劍根據劍脊需要堅韌、劍刃需要鋒利的特點，在脊部和刃部分别使用兩種不同成分的合金，使得劍體外鋭内韌、剛柔兼備。複合劍的技術思想和工藝對後世影響極大。此外在劍、矛等兵器上裝飾菱形紋、米格紋、曲折紋、火焰紋等暗花紋技術也是吴國兵器的一大特色，美輪美奂、領先時尚的吴王夫差劍是暗花紋兵器的卓越代表。暗花紋技術的機理還有待科技考古的進一步探索。

毛穎梳理了吴文化研究的歷程、取得的成果及有待解决的問題。20世紀30年代吴越史地研究會、80年代吴文化研究會（後更名爲吴文化學會）成立以來，吴文化研究不斷取得新的進展與突破，特别是50年代的湖熟文化研究與出土青銅器研究、70年代的土墩墓發掘與研究、80年代的青銅器研究熱潮，21世紀以來的城址、墓葬發掘與研究，青銅器修復保護，與大遺址保護利用的結合以及與多學科研究方法的綜合運用等，爲地域文明的探索與遺産保護事業發揮了積極作用。但由於國祚短、時局亂、資料散、銘文難、吴越文化面貌特徵不易區分等原因，致使吴文化研究争議多、定論少，一些問題的研究均有待進一步的考古發掘提供新的資料，有待考古學、文物學、古文字學和科技考古等學科與領域的共同合作，有待利用其他考古學文化成果特别是其新資料作對比研究，組織更多的專題討論，以已知求未知、以確定證不確定，并儘可能區分吴越文化面貌特徵。她表示，《東南文化》將一如既往地關注并及時發表吴文化新資料和新成果。

錢公麟提出，研究吴越文化時要注意江蘇淮陰高莊、運河村，無錫鴻山和浙江安吉的幾座大墓，越國的問題如果和無錫鴻山越墓進行比較研究的話會比較清楚。但他認爲，宜侯夨簋和吴國關係不大，因爲鎮江地區的墓葬、青銅器很複雜，没有體系，一件青銅器的來源有多種途徑，與宜侯夨墓相關的遺存在鎮江也没有系統的發現。關於吴越區分問題，他認爲吴越文化研究需要一個問題一個問題地研究，但不能將吴、越分開研究。但今後若能區分，將很有意義。

此次研討會上，與會專家基本解决了兩柄餘眜劍銘文的隸定問題，餘祭、餘眜與金文對稱的問題，對吴國王位的繼承制度也有了清晰的認識。但是，對於大家非常關心的“餘祭、餘眜王年”問題，會議依然有較大的分歧；對於“姑讎”、“姑發”、“姑癹”的關係問題，專家們也尚未達成一致意見，這些均需要作進一步的研討。

附記：本文根據提交論文和會議發言整理、歸納而成，未經專家審閲，誤解或未盡之處均由本文作者負責。

（此文原載於《東南文化》2015 年第 3 期）

致　謝

“兵與禮——餘眜劍特展”及其研討會終於圓滿結束了！這次展覽和研討會得到了很多單位和個人幫助，謹藉論文集出版的機會向他們表達深深的謝意！

他們是：

浙江紹興越文化博物館

上海博物館青銅研究部、文物保護科技中心

清華大學李學勤教授

北京大學李伯謙教授、李家浩教授、董珊副教授

陝西省考古研究院吴鎮烽研究員

南京博物院張敏研究員、林留根研究員、毛穎研究員

浙江大學曹錦炎教授

陝西師範大學張懋鎔教授

上海博物館周亞研究員

蘇州博物館錢公麟研究員

特別需要指出：曹錦炎、吴鎮烽先生提供了紹興路餘眜劍的原始照片，上海博物館丁忠明拍攝製作了 X 光照片，蘇州博物館客座研究員王振華先生拍攝了蘇州博物館餘眜劍顯微照片，蘇州博物館信息技術部汪清拍攝了二劍的細部照片。

此外，蘇州博物館陳列設計部王振、文物徵集組許潔、圖書資料部朱春

陽、保管部姚晨辰在展覽策劃、展品的選擇、會議接待、論文集的整理和校對方面也付出了艱辛的勞動。

謝謝大家。

蘇州博物館學術委員會

2015 年 10 月